KB035999

경남대 극동문제연구소 북한연구 시리즈 46

글로벌 거버넌스와
북한의 정치·경제 체제전환 전망

Global Governance and
North Korean Political and Economic Transition

윤대규 엮음

한울
아카데미

이 도서의 국립중앙도서관 출판예정도서목록(CIP)은 서지정보유통지원시스템 홈페이지(http://seoji.nl.go.kr)와
국가자료공동목록시스템(http://www.nl.go.kr/kolisnet)에서 이용하실 수 있습니다.
(CIP제어번호: CIP2016028469)

서문

경남대학교 극동문제연구소는 지난 2005년부터 한국연구재단의 지원을 받아 9년간 북한의 체제전환에 대한 연구를 수행했다. 본 연구소의 중점 연구는 '분석 수준'에 따라 3단계로 구성되어 있다. 최초 1단계(북한의 체제전환과 국제협력, 2005.12~2008.11)는 북한의 '국내적 수준'에서의 체제전환을 비교사회주의 시각에서 고찰하는 것이었다. 이어서 2단계(동북아 질서와 북한의 체제전환, 2008.12~2011.11)에서는 '동북아시아 수준'에서의 변화와 북한의 체제전환의 연관성을 살펴보았다.

3단계(북한의 체제전환과 글로벌 거버넌스, 2011.12~2014.11) 연구에서는 1·2단계의 연구 성과를 총괄하면서 기존 논의와의 차별성을 위해 북한의 체제전환과 글로벌 거버넌스의 관계에 집중했다. 지금까지 북한의 체제전환을 위한 국제협력의 필요성 차원을 넘어 글로벌 거버넌스의 관점에서 접근을 시도했다. 역사적 경험에 대한 분석을 통해 사회주의 체제전환과 글로벌 거버넌스의 상관성을 규명하고, 이를 기반으로 글로벌 거버넌스의 북한 문제 관여와 비교 연구를 수행하여 그 보편적 특징과 특수성을 제시하려 하면서 이를 바탕으로 북한의 체제전환을 위한 국제협력 방안 모색의 기본적 토대를 제공하고자 했다.

지금까지 3단계의 모든 연구는 제1세부과제 연구를 수행한 정치경제팀과 제2세부과제 연구를 수행한 법제도팀으로 나누어 진행되었다. 이 책은 이 가운데 3단계 3차 연도 '글로벌 거버넌스와 북한의 체제전환 전망'이라는 총괄 주제하에서 수행된 정치경제팀의 성과물이다. 제1세부과제의 3단계 3차 연도(2014년) 정치경제팀의 연구 중심인 '글로벌 거버넌스와 북한의 정치·경제 체제전환 전망'의 결과물들을 정리한 것이다. 이러한 3차 연도 연구는 3단계 연구의 결론으로서 1, 2차 연도 연구의 종합이면서도 본 연구소가 추진한 1, 2, 3단계 연구의 종합이라고 할 수 있다. 3년차 연구를 통해 제1세부과제(정치경제)팀은 북핵 문제와 한반도 평화, 개발지원과 경제적 관여, 시민사회 형성, 국제기구 참여 등 다양한 영역에 대해 글로벌 거버넌스와의 연관 속에서 북한의 체제전환을 분석 전망했다.

글로벌 거버넌스의 북한 문제 관여에 대한 심층적 분석을 통해 북한의 체제전환과 글로벌 거버넌스의 상관성을 규명하고, 분야별로 북한의 체제전환을 유도하기 위한 국제협력 방안을 모색하는 이번 연구주제는 기존 논의들과 구별된다고 할 수 있다. 또한 이론적·정책적 측면에서도 기존 논의들보다 풍부한 내용을 제시하고자 했다. 그 결과로 이 책 역시 북한의 체제전환을 위한 정치경제적 차원에서 글로벌 거버넌스의 관여 내용과 방식, 그리고 한국의 역할을 모색해보는 데 기본적 토대를 제공하리라 기대한다.

끝으로 이 책의 출간에 도움을 주신 많은 분들께 깊은 감사의 인사를 전하고 싶다. 먼저 중점연구소 지원 사업에 재정적 지원을 아끼지 않은 한국연구재단 관계자 여러분께 깊은 감사를 드린다. 그리고 행정적 지원을 해준 경남대학교 박재규 총장님과 산학협력단 관계자님, 그리고 교직원 및 중점 연구 참여 조교 선생님들의 많은 도움이 있었기에 이 책의 출간이 가능했다. 이 모든 분들께 깊은 감사를 드린다. 책의 출간을 위해 각별히 애써주신 한울엠플러스 대표님과 관계자분들께도 심심한 감사의 말씀을 전한다. 이 책이 북한의 변화와 통일을 대비해 글로벌 거버넌스와 북한 정치경제 분야의 관련 연구자들에게 널리 활용되고, 많은 추가 연구의 길을 제시하게 되기를 기대해 마지않는다.

2016년 11월

경남대학교 극동문제연구소장 윤대규

차례

제1장

북핵 문제와 지역 안보 거버넌스

동북아 다자안보협력의 가능성과 한계

이수훈 · 이무철

1. 서론

북한은 2016년 1월 제4차 핵실험에 이어 2월에 장거리 로켓 발사를 강행하였고, 이에 대해 UN은 2013년 북한의 제3차 핵실험 후 채택한 안보리 결의 2094호보다 더 강력해진 안보리 결의 2270호를 채택하여 국제사회의 대북 제재를 더욱 강화했다. 한국은 이에 앞서 개성공단 전면 폐쇄라는 초강수의 제재를 단행하였고, 미국도 북한과 불법 거래하는 제3국의 개인과 기업들까지 제재하는 초강경 북한 제재를 추진해나가고 있다. 이번 핵실험으로 중국과의 관계도 예전 같지 않은 북한은 예정되었던 제7차 당대회를 개최하여 김정은 시대의 본격 개막을 선언하였다. 또한 당대회를 통해 핵보유국 지위를 기정사실화하며 비핵화 의지가 없음을 피력하였다.[1] 이를 볼 때 북한은 기존 핵 협상의 프레임이었던 '비핵화-평화협정'을 '군축-평화협정'으로 협상 프레임을 변화시키고자 하는 것으로 보인다. 다시 말해 핵 협상의 출발점이 비핵화가 아니라 군축이라는 것을 더욱 강하게 주장하는 것이다. 반면에 한국과 미국을 비롯한 한반도 주변 국가들은 지속적으로 북한의 비핵화를 주장하고 있다. 현재 북한과 한국, 미국을 비롯한 국제사회는 핵 협상의 접점을 찾지 못하는 가운데 강 대 강의 상호작용 속에서 한반도 및 동북아 지역 안보의 불안정성은 더욱 증대하고 있는 상황이다.

이러한 북핵 문제의 해결은 한반도 및 동북아의 지역 안보뿐만 아니라 북한 체제를 국제사회에 편입시키고 체제전환을 유도하기 위해서 즉, 북한의 개혁개방 및 체제전환을 위한 대외 환경 조성이라는 차원에서도 매우 중요한 과제라 할 수 있다. 그런데 북한이 핵 보유 의지를 체제 생존과 결부시키고 있다는 점에서 북한의 핵 포기와 한반도 비핵화 실현은 북한이 가지고 있는 안보 위협을 종국적으로 제거해주는 작업에서 시작된다고 할 수 있다.[2] 물론 북한의 군사안보적 위협을 제거하는 것 자체가 북한의 국제사회 편입, 나아가 개혁개방 및 체제전환을 보장하는 것은 아니다. 이와 함께 북한 자체의 개혁 의지가 확인되어야 한다. 북한의 개혁 의지에 따라 이에 상응하는 국제사회의 지원과 협력이 이루어질 것이기 때문이다. 어쨌든 한반도 및 동북아의 평화와 번영을 위해서는 북한 체제의 안정적 관리 및 변화가 중요하다.

---

1 ≪로동신문≫, 2016년 5월 9일 자.
2 북한이 핵을 포기한 리비아 카다피의 최후를 통해 핵 보유 의지를 더욱 강하게 가지게 되었다는 점에서 체제보장을 대가로 한 협상이 쉽지만은 않을 것으로 예상되고 있다.

이 장에서는 북한의 안정적인 관리 및 체제전환과 관련해서 한국의 입장뿐만 아니라 동북아 역내 국가들이 이해관계를 고려할 때 가장 바람직하며 실현 가능한 방식으로 '점진적인 방식'[3]을 설정하고, 이를 실현하기 위한 대외 환경 조성의 차원에서 북핵 문제 해결을 위한 지역 안보 거버넌스의 역할과 한계를 논의해보고자 한다. 21세기 동북아 국제정치의 핵심 키워드는 핵 확산 방지, 부상과 패권의 세력 전이 여부, 균형과 편승의 동맹정치라고 할 수 있다. 사실 지역 안보 거버넌스[4] 개념은 동북아의 국제정치를 이해하는 것과 거리가 멀다고 할 수 있다.

그럼에도 불구하고 동북아 지역에서도 2003년부터 2008년까지 6자회담이라는 다자적 협상틀을 활용하여 북핵 문제를 평화적으로 해결하고자 하였다. 한반도 비핵화의 당사국인 남북한, 그리고 이 지역에 전통

---

3 북한 체제전환의 예상 가능한 경로는 크게 위로부터의 주도에 의한 '점진적인 방식', 급변사태에 의한 '급진적 변화' 등 두 가지를 상정할 수 있다. 그런데 한반도를 둘러싸고 있는 주변국들이 자국의 이해관계에 따라 북한의 급격한 변화를 경계하고 있다는 점과 북한의 내부 정세, 우리의 통일 능력 등을 고려하여 여기서는 북한 변화의 안정적 관리의 차원에서 가장 바람직하며 실현 가능한 방식으로 '점진적 방식'을 설정한다. 현실적으로 급변사태에 의한 급진적 변화 가능성을 배제할 수 없지만 여기서는 논외로 한다.

4 보통 거버넌스는 "개인들과 기구들이 공동의 문제를 공적 또는 사적으로 해결하는 다양한 방식들을 집약한 것"으로 이해된다. 이러한 거버넌스는 "충돌하는 다양한 이익들을 조화시키고 협력적인 활동을 모색하는 지속적인 과정"이고, "이는 개인들과 기구들이 합의를 했거나 그들의 이익에 합치된다고 인정하는 공식적이고 비공식적인 조치들을 포함"한다. 마거릿 칸스·캐런 밍스트 지음, 『국제기구의 이해: 글로벌 거버넌스의 정치와 과정』(서울: 명인문화사, 2011), 4쪽, 이러한 거버넌스의 정치와 과정에서 중요한 것은 '다자주의'에 입각한 협력이라 할 수 있다. 다자주의는 "셋 이상의 국가들이 어떤 원칙, 규범, 또는 국제적인 기준을 만들어나가면서 이에 따라 정책을 상호 조정하는 것"으로 정의할 수 있다. John Gerard Ruggie, "Multilateralism: The Anatomy of an Institution," John Gerard Ruggie(ed.), *In Multilateralism Matters: The Theory and Praxis of an Institutional Form*(New York: Columbia University press, 1993), p. 8.

적으로 막대한 영향력을 행사하는 미국, 중국, 일본, 러시아가 북한의 핵 문제를 다자적 틀 속에서 공동으로 관리하고 해결하고자 한 최초의 시도라고 할 수 있다. 그러나 6자회담의 공전과 북한의 핵 보유 선언으로 일부에서는 6자회담 무용론을 제기하고 있다. 그럼에도 불구하고 평화적인 북핵 문제 해법으로 다자협력 방식 이외의 별다른 대안이 없는 것이 현실이다. 그렇다면 과연 6자회담이 지역 안보 거버넌스로서의 역할을 했는가? 현재 6자회담이 재개되지 못하고 있는 이유가 무엇인가? 6자회담이 지역 안보 거버넌스로 역할하기 위한 조건은 무엇이며, 이러한 지역 안보 거버넌스가 북한의 체제전환 및 동북아의 평화와 번영과는 어떤 상관성을 갖고 있는가?

이에 답하기 위해 우선 대표적인 지역 안보 거버넌스라 할 수 있는 유럽안보협력기구(OSCE)의 전신인 유럽안보협력회의(CSCE)의 형성 조건, 이 CSCE가 지역 안보 질서의 안정과 사회주의 체제전환과 어떤 상관성을 갖고 있는지를 살펴보면서 그 교훈과 한계를 분석한다. 이를 바탕으로 동북아 지역의 안보 거버넌스로서 역할을 했던 6자회담의 전개 과정을 분석한다. 마지막으로 이를 종합하여 북핵 문제 해결 및 북한 체제 변화, 그리고 동북아 다자안보협력을 위한 조건과 과제를 제시해보고자 한다.

2. 지역 안보 거버넌스와 사회주의 체제전환

1) 유럽안보협력회의의 교훈과 한계

유럽안보협력회의(CSCE)는 1970년대 데탕트의 분위기에서 유럽 지역 내 동서 양 진영 간의 신뢰 구축 노력 속에서 창출됐다. 당시 소련이 동유럽을 확실히 장악하고 제2차세계대전 후 구축된 국경선을 보장받기 위해 제안한 회담에 미국을 비롯한 서방 측이 지역의 긴장 완화를 위해 호응함으로써, 1973년 3월 35개국이 참가한 가운데 헬싱키에서 본격적인 회담이 시작되었다. 회담 참여국들은 3년여 동안의 논의 끝에 1975년 헬싱키 최종의정서(Helsinki Final Act)를 발표함으로써 그 결실을 맺었다.

CSCE의 기본 아이디어는 소련에 의해 1950년대에 이미 제안됐었다. 1954년 2월 소련의 몰로토프(Vyacheslav Molotov) 외무장관에 의해 미·영·불·소 4개국 외무장관 회의 개최 및 '유럽집단안보조약'의 체결 등의 제안이 있었다. 그러나 당시 미국을 비롯한 서방 측은 이 제안이 나토(NATO)의 해체와 유럽 지역 안보에서 미국을 배제하려는 의도에서 비롯된 것이라고 해석하고 거부하였다.[5] 이러한 상황은 1950~1960년대에 걸쳐 소련의 제의가 미국에 의해 거부되는 양상으로 계속되고 있었다.

그러던 중 1960년대 말 프랑스의 나토 탈퇴 및 독자적인 핵 노선의

---

5 당시 소련은 미국을 옵서버로서의 지위로 참여시키자고 하면서 이 제안을 했기 때문에 미국 및 서유럽의 비난과 반대에 직면할 수밖에 없었다. 이인배, 「동북아 '협력안보' 모델과 적실성에 관한 연구」(중앙대학교 정치학 박사학위논문, 2000), 69쪽.

채택, 서독의 동방정책 추진, 미국과 중국 관계의 개선 등과 같은 일련의 사건들에 의하여 유럽 지역에서의 긴장 완화 및 협력의 분위기가 조성되었다. 이러한 분위기는 양 진영 간의 유럽안보협력에 대한 논의가 급진전되는 계기로 작용하였다. 이리하여 미국은 소련의 '유럽안보협력회의' 제안을 긍정적으로 검토하고 한 걸음 더 나아가 미국과 소련 간 '상호균형감군(MBFR)' 협상을 소련 측에 역으로 제안하였다. 또한 1970년 8월 서독-소련 간 관계정상화조약 체결과 서독-폴란드 간 바르샤바조약의 체결로 전후 국경선 문제가 해결되는 등 1970년대 초반 독일 문제의 해결을 위한 제도적 진전과 함께 전 유럽을 포괄하는 안보협력회의 개최에 대한 양 진영 간의 타협이 성립한 것이다.[6] 이러한 안보협력회의는 정치군사적 안보 문제뿐만 아니라 경제협력, 사회문화협력, 인도적 협력 등을 포괄하여 논의해서 그 합의 내용을 헬싱키최종의정서에 담아냈다.

그렇다면 냉전 질서 아래 유럽 지역에서 다자안보협력체의 구성이 가능했던 이유는 무엇일까? 이론적 입장에 따라 강조점이 다르지만 강대국의 역할, 상호 의존, 지역의 질서와 안보 및 협력에 대한 관련국들의 인식 공유, 지역 내 분쟁 당사국의 협력 의지 등을 들 수 있다.[7]

---

6 엄태암, 『동북아 다자안보협력: 한국의 선택』(서울: 한국국방연구원, 2006), 108~109쪽.
7 현실주의자인 저비스(Robert Jervis)의 경우, 안보레짐 형성과 유지의 조건으로 안보레짐에 대한 패권국의 호응, 공동안보 및 협력에 대한 관련 국가들의 공유, 정책 목표로서의 안보딜레마, 그리고 전쟁이나 개별 국가 차원의 정책이 갖는 높은 비용에 대한 인식 네 가지를 들고 있다. Robert Jervis, "Security Regimes," *International Organization*, Vol.36, no.2, pp. 360~362. 본 장에서는 최종건의 논의를 중심으로 이를 정리한다. 최

첫째, 유럽에서 CSCE를 형성하는 데 가장 중요한 요인은 미국과 소련이라는 동서 양 진영 패권국의 전략적 이익의 일치였다고 할 수 있다. 양 패권국이 군사적 대결을 통한 안보 유지가 어려웠던 전략적 상황이 이들 양국의 협력안보체제 수용에 중요한 환경적 요인으로 작용한 것이다. 다시 말해 양국이 유럽에서의 세력균형에 의한 현상 유지를 필요로 하였기 때문이다. 당시 소련은 전략적으로 어려운 상황에 직면해 있었다. 소련은 당시 경제 침체로 소위 위성국가들로 불리던 동유럽 국가들의 경제 발전에 어떤 도움도 줄 수 없었고 이에 따라 동유럽 국가들의 독자적 움직임이 가시화되어가고 있었다. 또한 중국과의 관계 악화로 유럽에만 역량을 집중할 수 없었다.

이러한 상황에서 소련은 기존의 주장과 달리 미국을 포함시킨 CSCE를 제안함으로써 미국과 서유럽 국가들로부터 유럽에서의 소련의 영향력을 인정받는 전략으로 전환하였다. 미국의 경우도 프랑스 등 서유럽 국가들의 미국을 배제한 독자적 유럽 안보 모색 움직임과 베트남전 패배와 이로 인한 군비 삭감에 대한 내부의 강력한 여론의 형성 등으로 유럽에서 군사력을 토대로 한 소련 봉쇄정책이 한계를 노정하였기 때문에 소련의 제의를 수락하게 된 것이다.[8]

일반적으로 다자안보협력을 창출하기 위해서는 패권국의 역할이 중요할 수밖에 없다. 우선 패권국이 다자안보협력의 출현을 반대하지 않

종건, 「유럽 안보질서의 기원: 유럽안보협력회의(CSCE)의 성립과 동아시아 다자협력질서에 대한 함의」, ≪동서연구≫, 제24권 2호(2012), 227~229쪽.

8 이에 대한 자세한 설명은 이인배, 앞의 글, 68~88쪽 참조.

아야 한다. 즉 다자안보협력이 강대국의 지위와 이익을 침해할 경우 강대국의 협조를 유도하기가 어렵다. 물론 강대국의 참여가 반드시 지역의 다자안보협력의 출현 여부를 결정짓는 것은 아니지만, 강대국의 참여와 지지는 다자안보협력의 성격과 범위 그리고 정치적 효용성에 영향을 미칠 수밖에 없다.

둘째, 지역 국가들의 국제질서 변화에 대한 의지다. CSCE의 출현은 유럽 국가들이 냉전을 보다 안정적으로 관리하고자 하는 자생적 인식과 노력이 있었기에 가능했다. 특히 동서 양 진영은 유럽의 평화가 공공재라는 인식과 함께 상호 간의 긴장 관계 설정이 상호 이익에도 부합하지 않는다는 것을 공유하였다. 즉 현존하는 지역 질서가 자국에 이익을 주지 않는다는 공동의 인식이 중요한 변수로 작용한 것이다. 각국의 동기가 어떠하든 안보 협력이 산출하는 공공재가 현 질서에서보다 이득이 된다는 공동의 인식이 존재해야 한다는 것이다. 국가 간 협력이 경쟁과 팽창보다 확실한 안보 획득 방법이라는 상호 공유된 인식은 다자협력의 가능성을 더욱 확대시켜준다고 할 수 있다.[9]

셋째, 지역 내 분쟁 당사국의 협력 의지 및 역할이 다자안보협력의 형성에서 매우 중요했다는 것이다. 1960년대와 1970년대의 유럽 질서 재편에서 프랑스의 나토 탈퇴와 서독의 동방정책은 다자안보협력 논의의 기폭제가 되었다. 이들의 정책은 강대국의 전략적 이해에 영향을 줄 수

---

9 Robert O. Keohane, "Multilateralism: An Agenda for Research," *International Journal* 45(3), pp. 731~764.

밖에 없었다. 특히 서독의 동방정책은 소련, 폴란드 등과의 전후 국경선 문제를 해결함으로써 안보협력 논의를 가능하게 했다고 할 수 있다. 이를 통해 알 수 있는 것은 강대국과 역내 국가들 간의 공식의 인식과 더불어 분쟁 당사국의 자발적 협력 의지가 지역의 다자안보협력 형성에 상당한 파급효과가 있다는 것이다.

넷째, CSCE의 기반이 된 헬싱키최종의정서는 유럽 최초의 협력 규범임과 동시에 군사안보, 경제, 인적 교류를 포함하는 포괄적 안보 개념에 입각한 것이었다. 또한 협력 안보의 성격을 갖고 있기 때문에 법적 구속력보다는 협의체적인 성격을 지닌 매우 느슨한 체제였다. CSCE는 안보에 대한 포괄성과 비제도성을 그 특징으로 한다. 이는 당시의 시대적 상황을 반영한 것으로 서로 이질적인 진영 간의 협력을 위한 최소한의 합의라는 데 의의가 있는 것이다.

그러나 CSCE 형성 이후 동서 양 진영은 운영 과정에서의 의견 대립으로 1984년까지 공전과 휴지기를 가지면서 기대만큼의 성과를 거두지 못하고 있었다. 이런 상황에서 CSCE는 소련에서 고르바초프의 개혁정책으로 형성된 동서 화해 모드라는 새로운 환경에서 재작동하기 시작하였고, 소련 및 동유럽의 몰락과 함께 OSCE로 발전할 수 있었다.

한편, 동북아 지역은 경제·문화 등의 교류 협력이 확대되면서 이를 뒷받침하기 위한 안보 협력의 필요성에 대해 역내 국가들이 공감하고 있지만, 미국과 중국이라는 G2의 전략적 이해관계가 상충하고 있으며, 지역 국가들 간의 신뢰 및 대화의 전통이 미약하다. 또한 역내 국가들 간의 영토 문제가 해결되지 않고 있으며, 북핵 문제라는 안보 현안이 상존하고 있다. 지역 내 분쟁 당사국의 협력 의지가 미약할 뿐만 아니라 지역 질서 변화에 대한 공유된 인식도 부재한 상태이다. 이러한 동북아 지역의 조건과 CSCE 사례와 비교했을 때, 현실적으로도 나타나고 있지만 다자안보협력의 구축은 쉬운 과제는 아니다. 더구나 유럽 지역은 현재 동북아 지역의 최대 현안이라고 할 수 있는 북핵 문제와 같은 난제가 존재하지 않았다.

그럼에도 불구하고 유럽의 사례에서 배워야 할 교훈은 바로 '포괄적 안보' 개념의 적용 필요성이다. 다시 말해 정치군사적 협력, 경제협력, 인도적 협력 등을 안보 의제로 설정하여 논의하는 방식의 유용성에 주목할 필요가 있다. 21세기 세계화, 정보화의 흐름 속에서 사회경제적 협력뿐만 아니라 새로운 안보 위협에 대한 공동 대응의 필요성이 증대하고 있다는 점에서 더욱 그러하다. 물론 냉전 시기와 다른 탈냉전 시기의 동북아 지역에서 포괄적 안보 개념을 적용하여 다자안보협력의 환경을 조성해나가는 방식은 유럽과 다른 경로로 이루어질 수밖에 없을 것이다.

2) 다자안보협력과 사회주의 체제전환과의 상관성[10]

소련 및 동유럽의 경우 군사안보적 이익을 위한 CSCE 참여가 이루어졌지만, 다른 한편으로 사회경제적 이익도 간과할 수 없었다. 그러나

---

10 이 절은 이무철, 「동북아 지역의 다자간 안보협력과 북한의 체제전환」, 윤대규 엮음, 『북한의 체제전환과 국제협력』(서울: 한울, 2009), 247~251쪽 참조.

CSCE의 합의와 참여는 소련 및 동유럽 국가들에 의도하지 않은 결과를 가져다주었다.

당시 동유럽 국가들의 참여가 소련의 영향력에 기인한 측면도 있지만, 각 국가들의 입장에서는 독자적인 자국의 경제난 해결과 이를 위한 대외정책 추진을 위해서는 우선적으로 서방과의 관계 개선을 통한 서방의 선진 경제·기술 지원이 필요했기 때문이다. 소련은 이러한 동유럽 국가들의 욕구를 만족시킬 정도의 역량을 가지고 있지 못했다. 따라서 소련 및 동유럽 국가들은 CSCE를 통해 서방 진영의 경제적·기술적 지원을 얻고자 했다.

서독을 비롯한 서유럽 국가들도 공통적으로 동유럽 국가들과의 관계 개선을 원하고 있었는데, 각 국가들이 동유럽 국가들과 양자 간의 관계 진전을 위한 정책이 여타 서유럽 국가들로 하여금 유럽 안보를 위험에 빠뜨릴 수 있다는 불안감을 해소해줄 필요가 있었다. 따라서 이를 위해서도 CSCE와 같은 다자간의 협력틀을 추진하는 것이 바람직한 것이었다.[11]

그런데 소련과 동유럽 국가들이 당시에 경제적·기술적 지원을 서방 진영으로부터 받기 위해 제안했던 CSCE를 통해 그들의 의도와 달리 동서 양 진영 간의 자유로운 인적, 물적, 사상적 교류가 증대함으로써 민주화와 자유화 운동, 그리고 시장 개혁이 가속화되었고 결국 체제전환으로 이어졌다. 헬싱키최종의정서는 서방 측이 소련 및 동유

---

11 A. W. Deporte, *Europe Between the Superpowers - The Enduring Balance*(New Haven and London, Yale University Press, 1979), p. 219. 이인배, 앞의 글, 90쪽에 재인용.

럽 국가들의 관심사인 경제적 지원과 협력을 인권 문제와 연계시킴으로써 인권 분야의 양보를 얻어낸 결과물이라 할 수 있다. 이로 인해 헬싱키최종의정서에 합의한 이후 회원국 국내에서 인권 문제 등을 둘러싸고 정부에 대한 압력이 거세지는 상황이 나타났다. 특히 동유럽 국가에서는 헬싱키최종의정서를 근거로 인권 문제에 대한 여론이 높아지기 시작했다. 이에 서방 측은 헬싱키최종의정서의 인권 및 인적 교류 등에 관한 조항을 들어 소련 및 동유럽 국가들을 압박할 수가 있었다. 물론 소련 및 동유럽 국가들은 경제 협력과 관련해 서방 측의 미온적 자세를 비난하였으며, 인권 문제에 대한 서방 측의 비난에 대해서는 내정불간섭을 규정한 헬싱키최종의정서의 제6원칙을 근거로 반박을 가했다.

헬싱키최종의정서의 인권과 관련된 조항은 서방이 소련과 동유럽 국가들에게 인권을 포함한 내정 문제를 제기할 수 있는 기회를 제공하게 되었고, 교류 협력에 관한 조항은 사람, 문화 등 인도적 차원의 교류를 통한 파급효과가 소련을 비롯한 동유럽 국가들의 시민사회 활성화의 계기로 작용해갔다.[12] 소련 및 동유럽 국가들의 체제전환 과정에서 민주주의와 인권 문제, 시장경제로의 전환 등에 대한 욕구 분출의 기본적인 근거가 헬싱키최종의정서에서 인권과 동서양 진영 간의 자유 왕래에 관한 합의 사항들이었다. 이 합의 사항을 근거로 형성되기 시작한

---

12 서재진 외, 『사회주의체제 개혁·개방 사례 비교연구』(서울: 민족통일연구원, 1993), 40~41쪽.

동유럽 국가 내에서의 시민운동은 동유럽 국가들의 체제전환에 가장 중요한 요소로 작용하였다. 물론 동유럽 국가들의 체제전환 유형은 일률적으로 분석될 수 없는 다양한 현상으로 나타났으나, 체제전환의 주요 요인으로 CSCE의 역할은 간과할 수 없는 것이다.[13]

이러한 측면에서 북한의 체제전환과 관련해 유럽안보협력회의가 주는 시사점이 크다 하겠다. 그러나 북한의 학습 효과를 감안한다면 북한이 자신의 안보가 불안한 가운데 인권 문제를 포함한 포괄적 안보 현안을 다루는 다자적 협상의 틀을 받아들일 가능성은 매우 낮다.[14] 또한 인권 문제와 관련해서는 중국의 부정적 반응도 예상할 수 있다. 이를 감안한다면 유럽의 사례와 같은 방식이 가능한 환경 조성에 더 주력할 필요가 있다. 다시 말해 동북아 지역의 공동체 의식의 형성, 지역 안정화에 대한 공통된 인식, 그리고 다자안보협력 형성으로 인한 기대 효과의 창출 등이 요구된다 하겠다.

---

13 최근 북한 인권 문제 해결과 관련해 헬싱키 프로세스의 적용 논의가 이루어지고 있다. 그러나 북한의 시민사회의 존재 여부가 불투명한 가운데 북한 당국의 학습 효과를 감안한다면 헬싱키 프로세스의 기계적 적용은 부작용을 낳을 우려가 있다.

14 북한의 《로동신문》은 "쌍무적 신뢰조성이 없는 지역다자안보논의는 사실상 무의미하며 '동북아시아 안보기구' 창설 논의는 이 중대한 과제가 해결되는 때에 가서나 논의해 볼 수 있는 먼 장래의 일"이라고 주장했다. 《로동신문》, 2004년 4월 2일 자.

3. 북핵 문제 해결을 위한 6자회담 실험의 실패(?)

1) 6자회담의 전개 과정

(1) 6자회담의 태동과 상호 탐색: 2002년 10월 ~ 2004년 6월

2002년 10월 제2차 북핵 위기로 한반도를 둘러싼 긴장이 고조되는 가운데 남북한, 미국, 중국, 일본, 러시아는 '6자회담(The six-party talks)' 이라는 다자적 협상틀을 마련하였다. 초기 6자회담에 대한 북한의 반응은 복합적이었다. 북한은 외무성 대변인의 발표를 통해 한반도 핵 문제 발생과 정세 악화의 책임은 미국의 대북적대정책에 있기 때문에 문제 해결을 위해서는 북한의 자주권과 생존권에 대한 위협의 제거, 즉 미국의 불가침조약 및 정상적인 형태의 국교 수립을 통해 북한의 체제가 보장될 때 가능하다고 밝혔다. 그러면서도 북한은 "미국이 대조선정책을 전환할 용의가 있다면 대화 형식에 구애되지 않는다"라는 태도를 보였다.[15] 그러나 2003년 4월 23~25일간 베이징 3자회담이 개최되고 한 달 후 2003년 5월 부시 대통령이 대북 압박을 포함하는 확산방지구상(Proliferation Security Initiative)을 밝히자 북한은 논평을 통해 "미국이 대조선적대시정책을 포기하지 않고 우리 공화국에 대한 핵 위협을 계속한다면 우리로서도 핵 억제력을 갖추는 수밖에 다른 도리가 없다"는 반응을 보였다.[16] 이어 "미국의 다자회담 주장은 핵 문제를 평화적으로 풀

---

15 조선중앙통신, 2003년 4월 12일 자.

기 위한 것이 아니라 우리에 대한 고립 압살 행위를 가리우는 위장물"이라고 비난하였다.[17]

이와 같이 미국과 북한이 6자회담이 시작되기도 전부터 6자회담의 본질에 대해 서로 이견을 가지고 지속적인 대립 양상을 보임으로 인해 6자회담 성립이 불분명해지는 듯했다. 그러나 중국의 적극적인 중재와 관련국들의 이해가 결부되어 북핵 문제 해결을 위해 6개국이 참가하는 6자회담이 베이징에서 2003년 8월 말 개최되기에 이르렀다.

2003년 8월 제1차 6자회담에서 북한은 자신들은 비핵화 원칙을 견지하고 있으며 미국의 대조선적대시정책이 변하지 않는 한 자신들은 자위적 차원에서 핵 억지력을 보유하겠다는 주장을 반복했다.[18] 결국 1차 회담은 미국의 선(先) 핵 포기 후(後) 지원·보상 원칙과 북한의 동시행동 원칙이 상호 충돌하는 가운데 서로의 의중을 탐색하는 수준에서 종결되었다.

2004년 2월 25일부터 28일까지 열린 제2차 회담에서 참가국들은 상호 존중하면서 대화와 평등에 기초한 협의를 통해 핵 문제를 평화적으로 해결하자는 데 뜻을 모아, 6자회담 참가국 간 최초의 '합의문건'이라고 할 수 있는 7개 항의 '의장성명(Chairman's statement)'을 발표했다.[19] 제2차 6자회담에서 북한이 주요 쟁점으로 제시한 것은 미국이 대북 적

---

16 "우리의 핵 억제력은 결코 위협 수단이 아니다." 조선중앙통신, 2003년 6월 9일 자.

17 "그 어떤 다자회담에도 기대를 가질 수 없게 되었다." 조선중앙통신, 2003년 9월 18일 자.

18 조선중앙통신, 2003년 8월 29일 자.

19 의장성명은 참가국들이 한반도 비핵화와 평화공존 의지를 밝히고, 협의를 통한 핵 문제의 평화적 해결, 핵 문제 관련 상호 조율된 조치를 취한다는 데 합의한다는 내용을 담고 있다.

대정책을 포기하는 것이었다. 1차 회담 때와 마찬가지로 미국이 대북 적대정책을 포기하지 않는 한 미국과의 그 어떤 약속·합의도 의미가 없다는 입장을 고수한 것이다. 북한은 이러한 입장을 고수하면서도 미국의 대북 불가침 의사와 대북 안전보장 조치를 공식 문건화할 수 있는지를 타진하면서 북한 핵무기 프로그램의 CVID[20] 방식의 해결책을 수용하는 듯했으나 구체적 영역에서의 이견은 계속되었다. 2004년 5월 12~14일 1차 실무그룹회의, 2004년 6월 21~22일 2차 실무그룹회의가 이루어진 뒤, 제3차 회담이 2004년 6월 23~25일 베이징에서 열렸다. 이 회담에서 미국이 제시한 해결 방안에 북한도 전향적 입장을 보였다.[21] 그러나 근본적인 상호 불신은 더 이상의 진전을 어렵게 했다. 게다가 이후 리비아식 해법을 모색하는 미국 정부 내 강경파의 전면 포진과 북한 인권법 통과, 그리고 11월 부시 2기 정부의 출범에 따라 북핵을 포함한 대외정책의 추이가 유동적인 상황에서 북한은 관망하는 입장에 서게 되었다.

사태를 예의주시하던 북한은 부시 정부의 제2기 대외정책을 이끌어갈 라이스 미 국무장관 지명자가 상원 외교위원회 인준 청문회에서 '폭정의 전초기지(outposts of tyranny)'로 북한을 언급하자 이에 반발하였다. 이후 북한은 "6자회담 참가를 무기한 중단할 것과 이미 핵무기를 만

---

20 CVID(Complete, Verifiable and Irreversible Dismantlement)는 북한의 핵무기 프로그램 동결이 완전하고, 검증 가능하며, 돌이킬 수 없는 방식으로 이루어져야 한다는 것을 의미한다.

21 미국은 본 회담에서 북한의 HEU 핵 프로그램을 포함한 핵 폐기 선언이 이루어질 시에 ① 한·중·일·러의 대북 중유 제공 허용, ② 불가침 보장을 포함한 다자안보보장, ③ 비(非)핵에너지 제공, ④ 테러 지원국 해제 논의 등을 제시하였다.

들었다"라고 대외에 공포하면서 위기를 가중시켰다.[22] 6자회담 초기 북미 양국은 철저한 불신 속에서 상대방의 진정성이 어디에 있느냐를 놓고 치열한 탐색전을 벌였다. 미국은 기존 양자 간에 합의한 제네바합의가 파기된 경험을 교훈 삼아 다자 체제를 통해 북한을 압박하고자 하였다. 북한은 북한대로 이라크 전쟁을 목도하며 힘없는 체제 보장은 허망하다는 인식을 공고히 하는 가운데 확실한 동시 행동이 동반되지 않는 협상에 희망을 두지 않았다.

(2) 6자회담을 통한 합의 이후 경색의 지속: 2004년 7월 ~ 2008년 12월

제3차 회담 종료 후 13개월간이나 공전하던 6자회담은 한국, 중국 등의 노력으로 2005년 7월 26일~8월 7일 베이징에서 제4차 회담을 개최하였다. 긴 휴회 기간 이후의 회담임에도 불구하고 북미 양국의 견해차는 여전했고, 특히 북한이 주장하는 '평화적 핵 이용 권리'와 미국의 경수로 제공에 대한 입장이 대치하며 회담은 파국의 상황까지 치달았다. 그러나 교섭을 통해 제2단계 회담을 개최하여 6자회담의 가장 큰 성과라 할 수 있는 9·19공동성명을 채택하였다.

이는 2003년 8월 제1차 6자회담을 시작한 지 25개월 만의 성과이다. 9·19공동성명의 핵심 내용은 첫째, 북한의 핵무기와 모든 핵 프로그램 포기. 둘째, 미국의 대북 불가침 약속과 북미 관계 정상화. 셋째, 직접 관련국들이 구성한 별도 포럼에서 한반도 평화체제 협상 등 세 가지로

---

22 조선중앙통신, 2005년 2월 10일 자.

요약할 수 있다.[23] 그러나 9·19공동성명은 북한의 NPT 복귀 시점, 핵 사찰 방법, 북한의 안전 보장 방식, 북미·북일 관계 정상화의 속도와 조건, 에너지 지원 형식 등에 관해 구체적인 언급을 하지 않아 공동성명이 발표된 직후부터 북한과 미국은 합의문 해석에서 차이를 보였다.[24] 이는 6자회담의 최대 성과라 할 수 있는 9·19공동성명의 이행 과정이 쉽지 않음을 보여주는 것이라 할 수 있다. 그럼에도 불구하고 9·19공동성명은 동북아 핵심 6개국이 안보 현안과 관련해 정부 차원에서 직접 서명했다는 점에서 의미가 있다고 할 수 있다.

그러나 9·19공동성명 채택 직후 미국이 북한의 돈세탁 창구로 방코델타아시아(BDA: Banco Delta Asia)를 지목하여 금융 제재를 가하고, 더불어 북한의 '선 경수로 제공' 주장 등으로 인해 회담이 재개되지 못하고 교착 상태에 빠지고 말았다. 이러한 6자회담의 국면에서 북한은 2006년 10월 제1차 핵실험으로 대응했다. 이에 10월 14일 유엔은 안보리 대북제재 결의 1718호를 채택하여 대북한 압박 강도를 강화하였다. 이러한 대치 국면에서 북·미·중 3자는 10월 31일 북경에서 6자회담 재개에 합의하면서 돌파구를 마련하였다.

제5차 6자회담은 2005년 11월부터 2007년 2월까지 3단계에 걸쳐 열렸고, 결국 5차 3단계 회담에서 '2·13합의'를 도출하였다. 핵심 내용은

---

23 전봉근, 「북핵협상 20년의 평가와 교훈」, ≪한국과 국제정치≫, 27권 1호(2011), 196~197쪽.

24 김국신·여인곤, 「제6차 6자회담 수석대표결과회의 결과 분석: 9·19 공동성명의 이행과정을 중심으로」, 『통일정세 분석』(서울: 통일연구원, 2007), 2~3쪽.

북한의 핵 시설 폐쇄와 불능화, 북한의 핵 프로그램 신고와 이에 상응하는 5개국의 에너지 100만 톤 지원, 북한의 테러지원국 지정 해제 과정 개시 등이다. 한 달 뒤에는 제6차 1단계 회담이 '2·13합의'의 이행 조치를 구체화하기 위한 방안 등을 논의하기 위하여 2007년 3월 베이징에서 열렸다. 2007년 9월에 열린 제6차 2단계 회담에서는 2007년 12월 31일까지 북한이 핵 시설을 불능화하고 핵 프로그램을 신고하는 대신 미국 측은 북한에 대한 테러지원국 명단 삭제와 적성국무역법에 따른 제재 해제, 5개국의 중유 100만 톤에 해당하는 경제적 보상 완료 등에 합의하기로 한 이른바 '10·3합의'를 채택하였다. 이후 한 차례 더 회담이 열렸지만 영변 핵시설의 불능화와 중유 100만 톤 상당의 경제·에너지 제공의 병렬적 이행 등의 원론적인 합의에 불과한 결과만을 도출하고, 조속한 시일 내에 차기 6자회담을 개최하기로 했다. 그러나 이후 6자회담은 현재까지 개최되지 못하고 있다.

여기에서 우리가 주목해야 할 것은 북한의 핵 개발은 회담의 정체기에 발전되고 강화되는 모습을 보였다는 것이다. 6자회담이 BDA 문제로 발목이 잡혀 있는 15개월 동안 북한은 핵 능력 강화로 대응했다. 이에 따라 북미는 양자 간 활발한 접촉과 대화를 통해 문제를 해결하고자 하는 경향을 보였다. 당시 북한은 다자 협의를 통한 최대 성과인 9·19공동성명이 미국의 BDA 문제 제기로 좌절됐다고 보면서 역시 핵심 문제는 미국과의 담판을 통해 해결하는 것이 중요하다는 인식을 한 것으로 보인다. 북미 양측은 2007년 1월 독일 베를린 회담을 통해 BDA 문제의 타결, 영변의 핵 시설에 대한 해법을 모색하였고, 2008년 4월에는 싱가

포르에서 대북 테러지원국 해제 등 중요 사항에 대한 합의를 도출했다. 이렇듯 북한이 북미 양자 회담을 통해 현안에 대응해나가면서 6자회담 개최는 부차적인 문제가 되어갔다.

(3) 6자회담의 공전: 2008년 12월 ~ 현재

2008년 2월 이명박 정권 등장 이후 남북관계가 점차 악화되어갔다. 2008년 7월 금강산 관광객 박왕자 씨 피격 사망 사건, 2009년 3월~8월 개성공단의 남측근로자 억류 사건, 2009년 5월 25일의 북한의 2차 핵실험 등으로 남북관계의 경색 국면은 지속되었고, 2010년 3월 천안함 사건과 11월 연평도 포격 사건으로 남북관계는 더욱 악화될 수밖에 없었다. 여기에 2011년 12월 김정일 위원장의 갑작스런 사망으로 한반도 및 동북아 정세 그리고 북핵의 진로에 불확실성이 더해졌다. 김정일 사망 이후 등장한 김정은 정권은 체제를 정비해나가면서 2012년 개정된 헌법에 핵보유국임을 명시하고, 2013년 2월 제3차 핵실험을 감행하였다. 이에 대해 UN은 안보리 결의 2094호로 대북 제재를 강화했다.

이미 북한은 2009년 5월 제2차 핵실험 강행 후 "6자회담은 영원히 종말을 고했다"라고 함으로써 향후 회담 재개에 집착하지 않겠다는 의지를 드러냈다. 북한은 2012년 4월 장거리 로켓(미사일) 은하3호 발사, 12월 12일 장거리 로켓(미사일) 은하3호 2호기를 발사했고, 유엔은 2013년 1월 22일 유엔 안보리 대북 제재 결의 2087호를 채택했다. 이에 북한은 국제사회의 압박에 반응한 외무성 성명을 통해 "6자회담 역시 미국이 대조선 압살 야망 실현을 위한 공간으로 이용해왔다는 것은 세상이 다아는 사실"이라고 하면서 6자회담에 미련이 없음을 공언하였다.

이러한 상황에서 북한은 2016년 1월 제4차 핵실험을 강행하고, 핵보유국 지위를 기정사실화하며 비핵화 의지가 없음을 다시 한번 강조하였다. 북한은 이미 자신은 핵보유국이기 때문에 핵 협상 의제를 바꾸어야 함을 강조해왔다. 따라서 6자회담이 개최된다면 협상 의제도 바꾸어야 한다고 주장하고 있다. 다시 말해 기존 핵 협상의 프레임이었던 '비핵화-평화협정'을 '군축-평화협정'으로 협상 프레임을 변화시키고자 하는 것이다. 최근에는 비핵화를 논의하는 6자회담은 그 사명을 다했다고 주장하였다.[25] 그러나 미국과 중국을 비롯한 6자회담 참여국들은 북한의 비핵화를 요구하고 있는 상황이다. 이에 따라 6자회담 참여국들은 핵 협상의 합의점을 찾지 못하고 대립함으로써 한반도 및 동북아 지역 안보의 불안정성이 증대하고 있다. 북한의 계속된 핵실험과 미사일 발사에 국제사회의 대북 제재가 더욱 강화되어가는 가운데 6자회담의 공전은 계속되고 6자회담 무용론이 제기되고 있는 실정이다.

6자회담 합의사항의 이행과 관련해 북미 양국의 이견으로 6자회담이 교착상태에 빠진 것을 볼 때, 북미 양자 간 신뢰 구축이 무엇보다 요구됨을 확인할 수 있다. 리비아의 카다피 정권이 핵 포기 이후 붕괴한 사건을 접한 북한의 입장에서는 미국을 신뢰하지 못한 채 핵무장에 더욱

---

25 2016년 6월 22일 중국 베이징에서 개최된 6자회담 당사국 간 국제학술대회인 '동북아시아협력대화(NEACD)'에 참석한 최선희 북한 외무성 미국국 부국장은 23일 외신과의 인터뷰에서 "북한은 이미 핵무기와 운반 수단을 보유하고 있는 이상 비핵화를 논의하는 6자회담은 그 사명이 변해야 한다"면서 회담 재개에 대해 부정적인 견해를 밝혔다. ≪연합뉴스≫, 2016년 6월 23일 자.

박차를 가했다고 볼 수 있다. 다자적 협상틀인 6자회담은 현실의 권력정치로 인해 부차적인 것이 되어버렸다고 할 수 있다. 그러나 다른 한편으로 지금까지의 과정을 분석한다면, 6자회담이 공전하고 있는 사이 북한이 핵 능력을 강화해왔다고 볼 수 있는 것이다. 다시 말해 6자회담이라는 틀 내에서 북한 핵 문제를 관리하지 못함으로써 북한이 핵 능력을 강화할 수 있는 시간적 여유를 줬다고 볼 수 있다는 것이다.

2) 6자회담의 교훈과 한계

현재 북핵 문제는 6자회담의 틀 밖에서 악화되고 있으며 이로 인해 6자회담 효용성에 대한 논란이 있는 것도 사실이다. 그러나 북핵 문제가 전적으로 6자회담이라는 다자적 협상틀의 문제점 때문에 악화되고 있는 것은 아니다. 현실적으로 북핵 문제는 핵무기 확산 문제로 그 기저에는 냉전에서 비롯된 적대적 불신이 남북과 북미관계 속에 자리 잡고 있다. 북한이 소위 불량국가라고 할지라도 북미 간 제네바 합의의 실패는 기본적으로 미국과 북한의 상호 불신에서 비롯됐다고 할 수 있다. 북핵 문제의 해결은 한반도 비핵화로 이루어지겠지만, 동시에 북미관계의 정상화를 요구한다. 따라서 6자회담은 '다자적 틀 안에서의 양자회담'이라는 다소 변형된 형태를 가질 수밖에 없었고, 북미 간 합의가 중요할 수밖에 없다.

그렇다 하더라도 6자회담은 지역 안보문제에 관한 다자협력의 경험이 부족한 동북아 지역에서 지역 국가들이 신중하게 안보 협력을 논의했다는 점에서 의의를 찾을 수 있다. 미국의 의도와 달리 5 대 1로 북한에 압박과 처벌을 가하기보다는 대화와 설득을 통해 행위의 점진적 변화를 유도하고자 했다는 점, 그리고 자국의 안보를 다자협력틀 내에서 조정하려 했다는 점에서 6자회담은 적절한 평가를 받아야 할 것이다.

북핵 문제의 해결 방식과 그 과정은 동북아 지역 질서의 안정은 물론 한반도 평화체제의 확립과 연결될 수밖에 없다. 한반도 평화체제란 북한의 비핵화를 전제하기 때문에 북핵 문제 해결 양상은 한반도 및 동북아의 안정과 직결되는 문제이다. 이러한 북핵 문제 해결의 방식과 과정은 한반도 및 동북아 지역 질서의 역학 관계와 맞물려 복잡한 방정식이 되고 있다.

미국과 북한이 6자회담 재개에 대해 합의한다고 해도 6자회담의 향후 성공 여부는 가늠하기가 어렵다. 6자회담의 전개 과정을 보면 알 수 있듯이 다자간의 합의가 쉽지 않다는 점, 그리고 이미 북한은 6자회담의 합의를 어기고 핵보유국임을 주장하고 있는 실정이기 때문이다. 지금의 남북관계나 참여국들의 전략적 이해관계를 따져 볼 때, 험난한 여정을 쉽게 예측할 수 있다.

그러나 군사안보 분야에서의 다자협력 경험이 없는 동북아 지역에서 6자회담은 참여국들에게 다자주의적 해결의 어려움과 함께 그 필요성도 보여주었다고 할 수 있다. 주요 위기마다 6자회담 참여국은 6자회담의 존속을 위해 협력과 조정, 설득과 압력, 위협과 협상 기조를 유지하였다. 특히 6자회담을 통해 소위 G2라 하는 미국과 중국은 전략적 협력의 모습을 볼 수 있었다. 현재 동북아 지역의 역학 관계를 고려할 때 6자회담이라는 틀을 쉽게 포기할 수도 없는 상황이기도 하다.

4. 북핵 문제 해결과 동북아 다자안보협력의 가능성과 한계

1) 북핵 문제 해결 기제로서의 6자회담의 재개 가능성과 한계

기본적으로 다자협력은 행위자에게 학습 효과를 제공한다. 다자협력은 양자협력과는 달리 행위자로 하여금 다수의 행위자와 상호작용을 통해 조정과 협상, 소통과 이익 배분의 과정을 경험하게 한다. 또한 행위자는 자신의 일방적 요구와 절대적 이익이 항상 관철될 수 없는 상황을 인지하게 된다. 이와 같은 다자협력의 복잡성에도 불구하고 행위자는 자신의 이익을 최대한 관철시키기 위해 다른 행위자를 설득하고 동원하는 외교적 행위의 효과를 습득할 수도 있다. 즉 다자협력에서 행위자는 참여의 동기가 어떠하든지 간에 다자적 틀에 들어오게 되면 그 틀 속의 규칙과 규범을 준수해야 한다.[26]

6자회담의 진행 과정을 보면, 북한은 6자회담을 자국의 이익을 극대화하기 위한 장으로 인식하고 적극 활용했다고 볼 수 있다. 북한의 핵실험은 6자회담이 진행되는 동안에도 핵 개발을 꾸준히 진행시켜왔다는 것을 보여주기도 하지만, 다른 한편으로 6자회담이 경색되거나 공전되는 기간에 북한이 핵 및 미사일 실험을 진행함으로써 협상의 지렛대로 사용하려는 측면이 있었다고 볼 수도 있다. 어쨌든 북한은 6자회담에서

---

26 최종건, 「동북아 다자적 협력 질서 변화와 6자회담: 다자적 협상과 지역질서 변화를 중심으로」, ≪국제·지역연구≫, 21권 1호(2012 봄), 15쪽.

이전까지 수용하지 않았던 참여국들의 요구를 수용하는 모습을 보이기도 하였다. 물론 6자회담 합의의 불이행에 따른 교착상태에 직면했을 때 북한은 미국과의 직접 협상을 요구해왔다. 그러나 6자회담 자체를 거부하고 미국과의 양자협상만을 주장하진 않았다. 북한은 미국과의 양자협상을 선호하지만 6자회담의 틀 내에서 개최되는 것 또한 반대하지 않는 입장이었다. 이것은 6자회담 과정에서 북한이 보여주었던 돌출 행동에 대해 참여국들이 집단적 처벌만을 강조했다면 불가능한 것이었을지 모른다. 참여국들은 합의를 불이행한 국가에 대한 강력한 처벌보다는 대화와 설득, 협상과 조정을 통해 6자회담의 제도적 존속과 협력의 규범을 유지하기 위해 노력하였다. 그럼에도 불구하고 북한은 6자회담을 통해 다자적 협상보다는 북미 간의 직접 협상만이 근본적인 해결책이라는 교훈을 얻은 것으로 보인다.

미국의 입장에서는 북미 양자협상(제네바 합의)의 실패로 다자협력(6자회담)을 통해 북한을 압박하고자 하였지만 의도하지 않은 결과를 초래했다고 볼 수 있다. 미국이 북핵 문제 해결에 있어 다자주의로 선회하고 6자회담을 기획한 것은 북한을 상대로 다자적 압력, 즉 5 대 1 구도를 만들고자 하였던 것이다. 그러나 미국은 다자체제에서 자신의 이익을 조정해야 했으며, 또한 중국, 일본, 한국, 러시아로부터 외교적 압박을 받아야 했다. 대표적인 예가 9·19합의가 도출된 4차 2단계 6자회담이다. 회담 전에 미국은 북한에 경수로를 제공하는 안 자체를 반대했다. 이에 중국은 자국의 외교력을 동원해 북한은 물론 한국, 러시아 그리고 일본까지 설득하여 미국을 압박하였다. 그 결과 회담 결렬에 부담을 느

낀 미국은 "경수로 제공을 적절한 시기에 한다"는 절충안을 수용해야만 했다. 즉 북한 핵 폐기를 위한 기본적 합의문인 9·19공동성명은 미국이 6자회담 내 5개국으로부터 설득 및 압박을 당한 결과로서 합의가 가능하였던 것이다.[27] 그럼에도 불구하고 미국은 북핵 문제 해결 과정에서 양자협상의 정치외교적, 경제적 부담을 다자협력을 통해 덜 수 있다는 측면에서 다자협력 방식을 활용할 수밖에 없었다.

현재는 6자회담의 합의 불이행에 따른 교착상태로 6자회담이 공전되는 가운데 북한은 자신이 핵보유국임을 주장하면서 비핵화를 논의하는 6자회담은 그 사명을 다했다고 주장하고 있다. 반면에 한국과 미국을 비롯한 한반도 주변 국가들은 지속적으로 북한의 비핵화를 강조하고 있다. 2008년부터 2016년 현재까지 6자회담이 공전되고 있는 가운데 북한의 핵 고도화가 진행되고 있다는 점에서 6자회담이 유명무실해졌다고 볼 수 있다. 그러나 현실적으로 북핵 문제의 해법으로 다자협력 방식 이외의 별다른 대안이 없다는 점에서 북한 설득을 통한 6자회담 재개가 무엇보다도 중요한 현실적 과제가 되고 있는 것도 사실이다.

미국과 중국이 6자회담에 합의했던 것은 기본적으로 북핵 문제로 인한 동북아 지역의 세력균형의 변화를 원치 않았기 때문이다. 만약 6자회담을 통해 북핵 문제를 해결하고 동북아 지역의 세력균형을 유지해 나간다면, 이 과정에서 미국은 미중 양자적 차원에서의 노력과 함께 다자적 차원에서의 중국 참여를 유도하는 방안이 중국과 동북아 지역에

---

27 위의 글, 16~17쪽.

대해 미국의 독자적인 영향력을 통해 패권을 유지하는 방안보다 효율적임을 인식할 수 있을 것이다. 중국의 경우에도 6자회담을 통해 북핵 문제를 해결하고, 이 과정에서 자국의 군사력 증대에 대한 미국을 비롯한 주변국의 우려를 불식시키고 지속적인 경제성장을 위해 주변 환경을 안정시키는 데 다자적 차원의 노력이 효율적임을 깨닫게 될 것이다.

패권안정론적 시각에서 패권국의 존재는 레짐의 초기 형성과 제도적 협력을 유지하는 데 있어서 매우 중요하다.[28] 레짐(혹은 제도)이 자연발생적인 것이 아니라 하나의 인위적 산물이라고 한다면 그 제도의 형성 단계에서의 행위자의 역할에 주목할 필요가 있다. 북핵 문제 해결 기제로서 다자주의(6자회담)에 주목한다면, 미국과 중국의 역할은 매우 중요할 수밖에 없다. 유럽안보협력회의의 형성 과정에서 알 수 있듯이 패권국의 입장은 제도 형성에 있어 매우 중요한 요소라 할 수 있다. 즉 패권국의 역내에서의 입지 변화와 협력안보에 대한 태도 변화가 필요하다. 이는 다자주의에 대한 기대 효과의 상승을 의미하는 것으로 다자주의를 패권국의 이익 보장을 위한 방편으로 인식함을 의미한다.

그런데 사실 동북아 안보질서의 기본 축은 비대칭적 양자동맹이다. 한미, 미일 동맹에 비해 북중동맹이 그 강도가 매우 완화되었지만 여전

---

28 Stephen D. Krasner, "Regimes and the Limits of Realism: Regimes as Autonomous Variables," Krasner(ed.), *International Regimes*(Ithaca: Cornell Univ. Press, 1983), p. 357. 그러나 레짐(혹은 제도) 형성 이후에는 패권국의 영향력에 변화가 일어날 수 있다. 제도의 자율성 증대로 인해 패권국이 초기 제도 형성을 주도하면서 가졌던 전략적 이해와 제도의 자율성 간의 괴리 현상이 발생할 수 있기 때문이다. 제도가 지속적으로 유지되면서 제도 자체가 새로운 국제관계의 환경을 창출하게 되고 이로 인하여 행위자들은 새로운 환경에 새롭게 적응하여 자국의 전략적 이익들을 추구하게 되는 것이다.

히 북중 양국은 서로에게 중요한 동맹국이라 할 수 있다. 더욱이 북한에게 한국, 미국, 일본과의 신뢰 조성이 안 된 상황에서 6자회담 참여에 대한 우려를 불식시키기는 쉽지 않다. 결국 북핵 문제 해결을 위한 기제로 6자회담이 제 역할을 하기 위해서는 역내 국가들 사이의 신뢰 구축 작업이 전제될 수밖에 없다. 그 핵심은 바로 북한을 정상국가로 인정하고 국제사회로 편입시키는 것이다. 미국과 중국의 입장에서도 동북아 지역 내 안보 현안을 해결하는 데 있어 양자동맹 관계를 유지하는 가운데 다자간 협상의 틀을 활용하는 것이 효율적일 수 있다.

이렇게 본다면 북핵 문제 해결을 위해서는 미국과 중국과의 긴밀한 협력을 통해 어떠한 전제 조건도 없이 우선적으로 6자회담을 재개해 새롭게 의제설정부터 다시 논의하는 장을 마련할 필요가 있다. 북한에게도 미국과의 직접 협상 결과를 보장하는 수단으로서 6자회담의 필요성을 다시 각인시켜나가면서 6자회담 참여를 유도해나가야 한다. 기본적으로 다자협력은 쉽지 않다. 다자협력의 전통이 부재한 지역, 특히 장기간 대립 관계에 있는 국가를 포함한 다자협력이라면 더욱 어려운 것이다. 6자회담의 재개와 성공 여부는 참여국들이 북한 핵 문제에 대한 방관은 지역 질서의 안정과 번영을 위협하는 것이라는 인식의 공유에 달려 있다. 따라서 패권국의 역할과 함께 이를 강제할 수 있는 지역 국가들의 공동의 인식, 그리고 분쟁 당사국인 한국의 정책적 혁신성과 지속성이 요구되는 시기라 할 수 있다.

2) 체제전환 유도 기제로서 동북아 안보 협력의 가능성과 한계

6자회담에서 합의한 9·19공동성명의 내용을 보면, 기본적으로 북한 체제의 안정화와 점진적 변화, 그리고 한반도 평화체제 및 다자안보협력 환경 조성을 동시에 추구하려는 의지를 보이고 있다. 즉 북핵 문제 해결 과정은 곧 북한의 '정상국가화' 과정이며, 이를 통해 지역의 평화적 안보 환경을 조성하는 것을 목표로 하고 있다. 이를 위해서는 북한의 안정적 변화와 관련해 북한뿐만 아니라 참여국 모두가 수용할 수 있는 최소한의 기준을 설정하는 작업과 함께 지역 안보협력 논의가 이루어져 한다.

그런데 우선적으로 해결하고자 하는 북핵 문제는 더욱 악화되고 있는 가운데 6자회담의 재개 자체가 불투명한 상황이다. 결국 6자회담을 통한 지역의 다자안보협력 논의는 북핵 문제 해결과 미국의 선택에 달려 있다고 해도 과언이 아니다. 6자회담을 통해 설치된 다섯 개 실무그룹회의[29]는 원칙적으로 다른 실무그룹회의에 영향을 주지 않으며, 다섯 개 실무그룹에서 만들어진 계획은 상호 조율된 방식으로 전체적으로 이행된다고 합의했다. 그러나 현실에서 확인할 수 있듯이 북핵 문제 해결을 위한 이행 조치에 진전이 없을 때 6자회담 자체가 어려움을 겪을 수밖에 없다. 또한 6자회담에 진전이 있다 하더라도 '한반도 비핵화' 실무그룹회의 또는 '북미관계 정상화' 실무그룹회의 등이 진전되지 않을 경

---

[29] 5개의 실무그룹은 북미관계 정상화, 북일관계 정상화, 한반도 비핵화, 경제 및 에너지 협력, 동북아 평화 안보 체제 실무 그룹이다.

우 '동북아 평화 안보 체제' 실무그룹회의 역시 그 진전을 보장할 수 없다. 따라서 6자회담 틀 내에서의 동북아 다자안보협력 논의의 지속과 확대는 북핵 문제 해결과 북미관계 개선에 좌우될 수밖에 없는 현실이다.

북핵 문제 해결은 한반도 비핵화만을 의미하는 것이 아니라 북미, 북일관계 등의 정상화를 통해 역내 국가들 사이의 신뢰 구축을 의미하는 것이기도 하다. 주지하는 바와 같이 동북아 지역은 특정 국가 간 비정상적인 국가 관계가 지속되고 있는 상황에서 상호 불신이 존재하는 상태다. 탈냉전 이후 한국이 중국, 소련과의 수교를 통한 친선 협력 관계를 유지하고 있는 것에 반해 북한은 아직까지 미국, 일본과 정상적인 관계를 맺지 못하고 있다. 이러한 상황에서 동북아 다자안보협력 논의는 소모적 논쟁이 될 가능성이 높을 수밖에 없다. 따라서 북핵 문제 해결 과정에서 역내 상호 신뢰의 구축, 즉 역내 상호 교차승인은 다자안보협력 논의의 기본적 조건이라 할 수 있다.

그리고 이러한 상호 교차승인을 기반으로 다자안보협력 논의를 진행한다고 했을 때, 쟁점이 될 수밖에 없는 것 가운데 하나가 바로 현재 동북아 내에 존재하고 있는 양자동맹을 어떻게 볼 것이며, 다자안보협력과의 관계는 어떻게 해야 하는가라는 문제라 할 수 있다.

현재 동북아지역의 안보문제와 관련해 역내 국가들은 양자 동맹을 통해 접근하고 있다. 이에 한·미·일 대 중·러·북의 동북아 세력균형이 완전히 붕괴되지 않은 상태에서 세력균형의 국제정치가 실현되고 있다고 평가할 수 있을 것이다. 즉 탈냉전 이후 소련의 붕괴로 동북아 세력균형의 한 축이 붕괴된 것은 사실이나 중·러·북의 협조 체제가 어느 정도

미일동맹 및 한미동맹에 대한 견제 기능을 담당하고 있다. 또한 불완전하지만 현재까지 북중 동맹이 건재하며 중러 간은 여러 분야에서 전략적 협조체제를 구축하며 미일동맹에 대응해오고 있다는 것이다. 따라서 현행의 양자 동맹을 역내 안정을 도모하는 수단으로 인정할 필요가 있다.[30]

유럽에서 CSCE/OSCE 형성을 가능하게 했던 요인 가운데 하나는 바로 독일 등 서방국가가 동유럽에서 소련의 우월적 지위 및 영토 등 양자현상 및 동맹에 대한 인정이었다.[31] 이러한 점에서 동북아 양자현상(동맹)에 대한 역내 국가 간 합의가 반드시 선행되어야 할 것이다. 따라서 북핵 문제를 해결해나가는 과정에서 역내 대립국가의 상호 교차승인, 그리고 역내 동맹의 인정이 이루어질 때 동북아 다자안보협력에 대한 논의가 본격적으로 시작될 수 있다고 할 수 있을 것이다.

물론 북핵 문제 해결 과정에서 역내 대립국가의 상호 교차승인, 그리고 역내 동맹의 인정이 이루어진다고 하더라도, 6자회담을 통한 다자협력 논의는 많은 난제를 안고 있다고 할 수 있다. 동북아 지역은 우선적으로 첫째, 역내 국가 간 신뢰 및 대화의 전통이 미약하고 정치경제체제 및 문화적 동질성이 미약한 다양한 배경과 이익을 가진 국가들로 구성되어 있다. 역내 국가들의 체제의 상이함, 역사적 반목과 신뢰의 부족으로 인해 다자주의적 대화의 전통이 부족한 실정이다. 둘째, 역내 국가들

---

30 김태운, 「동북아 양자·다자안보 협력체제 공존을 위한 접점의 모색」, ≪담론 201≫, 9(4, 2006), 218쪽.

31 유럽은 나토(NATO: North Atlantic Treaty Organization)와 WTO(Warsaw Treaty Organization)의 유지 속에서 양 진영 간의 안보질서의 현상 유지를 위한 다자안보협의체를 구성한 것이다.

간의 영토문제가 해결되지 않았다는 점이다. 한일, 중일, 러일 간의 영토분쟁은 아직 해결되지 않은 상태다. 셋째, 다자안보협력체제를 적극적으로 주도할 중립 성향의 외교적 영향력이 큰 국가[32]들이 없다는 점이다. 결국 지역 내 분쟁 당사국의 협력 의지가 미약할 뿐만 아니라 지역 질서 변화에 대한 공유된 인식도 부재한 상태다.

이러한 제약 요인에도 불구하고 동북아 지역에서는 다자안보협력의 필요성이 증대되고 있는 것도 사실이다. 우선 첫째, 새로운 안보 위협에 대한 공동 대응의 필요성이 증대하고 있다는 점이다. 탈냉전 이후 테러, 무기밀매, 국제조직범죄, 불법이민, 인종대립, 밀수, 마약, 환경오염 등의 새로운 안보 위협 요소들이 주요한 안보 현안으로 등장하였고 이들 요소들은 역내 국가들의 협력에 의한 공동 대처를 요구하고 있다. 둘째, 무엇보다도 이 지역의 경제 발전을 제도적으로 뒷받침할 수 있는 안정된 국제 안보 환경의 조성이 필요하다는 점이다. 셋째, 지역 군사강국의 패권 추구로 인한 안보 환경 악화 방지의 필요성이 증대하고 있다. 일본과 중국이 최근에 보이는 군사력 증강 경향은 지역 패권 쟁취를 위한 경쟁으로 비춰질 수 있고 이로 인해 역내 국가들 간의 군비경쟁을 불러올 수 있는 가능성이 높아지고 있다 하겠다.

이렇게 동북아 다자안보협력체제 구축에 있어 제약 요인과 촉진 요

---

32 냉전 시기 추진된 유럽안보협력회의의 경우, 양 진영의 주장이 대립할 경우 이를 타개하는 데 유럽의 중립국가들이 중요한 역할을 했었다. 사실 중립국가라는 개념의 사용은 냉전 시기에는 가능할 수 있겠지만, 탈냉전 시기에서 큰 의미가 없다고 볼 수 있다. 이런 측면에서 동북아 다자안보협력을 논의할 때는 중재자적 역할을 하는 국가로 봐야 할 것이다.

인 등이 혼재해 있지만, 실제로 제약 요인이 더 크게 작용하고 있다.

어쨌든 CSCE의 사례가 우리에게 주는 시사점이 있듯이 북한에게도 학습 효과를 가져다주었다고 할 수 있다. 북한이 자신의 안보가 불안한 가운데 포괄적 안보 현안을 다루는 다자적 협상의 틀을 받아들이기가 쉽지 않다. 따라서 유럽 사례를 현재 동북아 지역에 직접적으로 적용하기보다는 미래 동북아협력구도 창출의 전망 속에서 재구성한 후 그 적용을 검토하는 것이 바람직하다고 볼 수 있다. 이 작업에 있어 6자회담을 적극 활용할 필요가 있다. 동북아 다자안보협력 논의는 북핵 문제 해결을 통한 북한 체제의 안정화와 북한의 국제사회의 편입, 그리고 점진적 변화를 보장하는 방향으로 진행되어나갈 필요가 있다. 이를 위해서는 북핵 문제를 해결하는 과정에서 한반도 평화체제와 동북아 다자 안보체제를 병행 추진하고자 하는 6자회담의 틀을 적극 활용할 필요가 있다.[33]

유럽안보협력회의의 경우에는 다자안보협력회의가 구성된 이후 의도하지 않은 결과로 소련 및 동유럽의 체제전환에 CSCE가 영향을 끼쳤으나 이러한 사례를 동북아 및 북한에 그대로 적용할 수는 없다. 북한의 학습 효과뿐만 아니라 현재 북핵 문제로 인한 한반도 및 동북아의 역학 구도를 볼 때 다자안보협력회의의 구성 이후 이를 통해 북한의 체제전환을 유도 혹은 압박하는 것은 현실적이지 못하다고 할 수 있다. 그렇다고

---

33 한반도 평화체제와 동북아 다자안보체제 추구 방식과 관련해서 선 평화체제 - 후 다자안보체제, 선 다자안보체제 - 후 평화체제, 동시추구 방식 등이 제기될 수 있다. 이와 관련해서는 구갑우, 『비판적 평화연구와 한반도』(서울: 후마니타스, 2007), 182~193쪽 참조.

북한이 스스로 변화한 후에 다자안보협력 논의를 시작하는 것도 북핵 문제를 고려할 때 현실적이지 못하다. 결국 북한의 체제전환과 다자안보협력 구상을 동시에 고려하면서 추구하는 방식이 적절하다 하겠다.

6자회담을 통해 북핵 문제의 해결이 이루어진다 하더라도 '북한 문제'의 현안이 산적해 있을 뿐만 아니라 역내 국가 간의 영토문제를 비롯해 다양한 안보 이슈가 존재하고 있기 때문에 6자회담이라는 틀이 다자안보협력체로 확대되는 데 있어 많은 어려움이 뒤따를 수밖에 없다. 그러나 북핵 문제라는 구체적이고도 난이도 높은 문제를 해결하기 위해 수많은 난관을 겪으면서 진행되고 있는 6자회담 틀 속에서 북핵 문제를 해결한다고 가정한다면, 참여국들이 이를 통해 다자간 협상의 효과를 긍정적으로 인식하게 되는 계기가 될 것이다.[34] 특히 북한은 다자간 협상의 장에서 자신의 안보 위기를 해소해나감으로써 정상적인 국가로 인정받고 국제사회에 편입할 수 있는 계기를 마련할 수 있다. 또한 그동안 진행되어온 6자회담의 탄성을 이용하여 한반도 평화체제 및 동북아 다자안보체제 구축 문제의 논의를 유지한다는 것은 다른 회의 방식을 새롭게 만드는 것보다 효율적일 수 있다.

---

34 6자회담에서 북핵 문제가 해결되고 동북아 안보협력 논의체로 격상된다면 6자회담은 하나의 제도로서 기능하고 나름의 역할을 맡고 있다고 할 수 있다. 제도주의자들은 상호 합의를 통해 형성되고 유지되는 제도는 다른 국가의 행위 패턴에 대한 안정적인 기대를 할 수 있을 뿐만 아니라 국제관계의 불확실성과 거래비용의 감소 등을 유발한다고 보고 있다. Robert O. Keohane, *After Hegemony: Cooperation and Discord in the World Political Economy*(Princeton: Princeton University Press, 1984), pp. 88~100.

5. 결론

현재 북한의 다섯 차례의 핵실험과 핵 보유 주장으로 6자회담의 효용성에 대한 논란이 있는 것이 사실이다. 그러나 북핵 문제가 전적으로 6자회담이라는 다자적 협상틀의 문제점 때문에 악화되었다고 볼 수는 없다. 앞서 지적했지만 북핵 문제는 핵무기 확산 문제로 그 기저에는 냉전에서 비롯된 적대적 불신이 남북과 북미 관계 속에 자리 잡고 있다. 북핵 문제의 해결은 한반도 비핵화로 이루어지겠지만, 동시에 북미관계의 정상화를 요구한다. 따라서 6자회담은 '다자적 틀 안에서의 양자회담'이라는 다소 변형된 형태를 가질 수밖에 없고, 북미 간 합의가 중요할 수밖에 없다.

그렇다 하더라도 6자회담은 지역 안보 문제에 관한 다자협력의 경험이 부족한 동북아 지역에서 지역 국가들이 신중하게 안보협력을 논의했다는 점에서 의의를 찾을 수 있다. 미국의 의도와 달리 5 대 1로 북한에 압박과 처벌을 가하기보다는 대화와 설득을 통해 행위의 점진적 변화를 유도하고자 했다는 점, 그리고 자국의 안보를 다자협력 틀 내에서 조정하려 했다는 점에서 6자회담은 적절한 평가를 받아야 할 것이다.

북핵 문제의 해결 방식과 그 과정은 동북아 지역 질서의 안정은 물론 한반도 평화체제의 확립과 연결될 수밖에 없다. 한반도 평화체제란 북한의 비핵화를 전제하기 때문에 북핵 문제 해결 양상은 한반도 및 동북아의 안정과 직결되는 문제이다. 이러한 북핵 문제 해결 방식과 과정은 한반도 및 동북아 지역질서의 역학관계와 맞물려 복잡한 방정식이 되고 있다. 현재 미국과 북한이 6자회담 재개에 대해 합의를 한다고 해도 6자회담의 향후 성공 여부는 가늠하기가 어렵다. 6자회담의 전개 과정을 알 수 있듯이 다자간의 합의가 쉽지 않다는 점, 그리고 이미 북한은 6자회담의 합의를 어기고 핵보유국임을 주장하고 있는 실정이기 때문이다. 지금의 남북관계나 참여국들의 전략적 이해관계를 따져볼 때, 험난한 여정을 쉽게 예측할 수 있다.

그러나 군사안보 분야에서의 다자협력 경험이 없는 동북아 지역에서 6자회담은 참여국들에게 다자주의적 해결의 어려움과 함께 그 필요성도 보여주었다고 할 수 있다. 주요 위기 때마다 6자회담 참여국은 6자회담의 존속을 위해 협력과 조정, 설득과 압력, 위협과 협상 기조를 유지하였다. 특히 6자회담을 통해 소위 G2라 하는 미국과 중국이 전략적으로 협력하는 모습을 볼 수 있었다. 현재 동북아 지역의 역학관계를 고려할 때 6자회담이라는 틀을 쉽게 포기할 수도 없는 상황이기도 하다. 한반도 및 동북아 지역 안보뿐만 아니라 북한의 안정적 관리 및 변화를 위해서도 북핵 문제 해결을 위한 6자회담의 재개를 위해 참여국들의 긴밀한 협력이 이루어져야 할 것이다. 특히 이를 위한 한국의 건설적 역할이 중요하게 요구되는 시점이라고 할 수 있다.

참고문헌

1. 국내 문헌

1) 단행본

구갑우. 2007.『비판적 평화연구와 한반도』. 서울: 후마니타스.

서재진 외. 1993.『사회주의체제 개혁·개방 사례 비교연구』. 서울: 민족통일연구원.

엄태암. 2006.『동북아 다자안보협력-한국의 선택』. 서울: 한국국방연구원.

칸스(Margaret P. Karns)·밍스트(Karen A. Mingst). 2011.『국제기구의 이해-글로벌 거버넌스의 정치와 과정』. 김계동 외 옮김. 서울: 명인문화사.

2) 논문

김국신·여인곤. 2007.「제6차 6자회담 수석대표결과회의 결과 분석: 9·19 공동성명의 이행과정을 중심으로」.『통일정세 분석』. 서울: 통일연구원.

김태운. 2006.「동북아 양자·다자안보 협력체제 공존을 위한 접점의 모색」. ≪담론 201≫, 9(4).

이무철. 2009.「동북아 지역의 다자간 안보협력과 북한의 체제전환」. 윤대규 엮음.『북한의 체제전환과 국제협력』. 서울: 한울.

이인배. 2000.「동북아 '협력안보' 모델과 적실성에 관한 연구」. 중앙대학교 정치학 박사학위논문.

전봉근. 2011.「북 핵협상20년의 평가와 교훈」. ≪한국과 국제정치≫, 제27권 1호. 경남대학교 극동문제연구소.

최종건. 2012.「동북아 다자적 협력 질서 변화와 6자회담: 다자적 협상과 지역질서 변화를 중심으로」. ≪국제·지역연구≫, 21권 1호(2012 봄).

최종건. 2012.「유럽 안보질서의 기원: 유럽안보협력회의(CSCE)의 성립과 동아시아 다자협력질서에 대한 함의」. ≪동서연구≫, 제24권 2호(2012).

3) 기타

연합뉴스. 2016.6.23.

2. 북한 문헌

1) 기타

≪로동신문≫. 2004.4.2.; 2016.5.9.

조선중앙통신. 2003.4.12.; 2003.6.9.; 2003.8.29.; 2003.9.18.; 2005.2.10.

3. 외국 문헌

1) 단행본

Deporte, A. W. 1979. *Europe Between the Superpowers - The Enduring Balance*. New Haven and London. Yale University Press.

Keohane, Robert O. 1984. *After Hegemony: Cooperation and Discord in the World Political Economy*. Princeton: Princeton University Press.

2) 논문

Jervis, Robert. 1982. "Security Regimes." *International Organization*, Vol.36, no.2.

Keohane, Robert O. 1990. "Multilateralism: An Agenda for Research." *International Journal*, 45(3).

Krasner, Stephen D. 1983. "Regimes and the Limits of Realism: Regimes as Autonomous Variables." Krasner(ed.). *International Regimes*. Ithaca: Cornell Univ. Press.

Ruggie, John Gerard. 1993. "Multilateralism: The Anatomy of an Institution." John Gerard Ruggie (ed.). In *Multilateralism Matters: The Theory and Praxis of an Institutional Form*. New York: Columbia University press.

제2장

북한의 경제개발과 글로벌 개발협력 거버넌스

이무철

1. 서론

북한 경제의 재건과 개발을 위해서는 북한 당국이 본격적인 개혁개
방정책을 통해 세계경제질서로 편입하고 경제개발을 위한 국제협력체
계를 구축해야 한다. 이는 선택이 아닌 필수 작업이라 할 수 있다. 그러나
북한 당국은 체제 유지와 경제 재건의 딜레마 속에서 '핵 고도화'정책을
유지함에 따라 미국을 비롯한 국제사회의 강력한 제재를 받고 있다.

김정은의 집권 이후 북한은 내부적으로 제한적이나마 경제 개선 조
치와 함께 대외 무역의 강조, 경제특구 및 경제개발구 지정 등을 통해
외자 유치를 위한 노력을 지속해왔다.[1] 그렇지만 북한 핵 문제로 인한

---

1 북한은 2012년 '6·28 방침', 2014년 '5·30 담화' 등의 이름으로 알려진 경제관리 개선조치

대외적 고립으로 소기의 성과를 거두지 못하고 있는 실정이다. 북한이 2016년 5월에 개최한 제7차 당대회에서 채택한 '국가경제 발전 5개년 전략'도 이를 반영하듯 북한 당국이 주장하는 '휘황한 설계도'와 거리와 먼 전통적이고 소극적인 내용으로 구성되어 있다.[2] 이는 북한이 고수하고 있는 '핵 무력·경제 병진노선'으로 인해 대외 관계가 악화되는 상황에서 경제 재건과 건설을 위한 구체적인 계획 수립뿐만 아니라 개혁개방 노선의 진전도 어렵다는 것을 보여주는 것이라 하겠다.

결국 한반도 비핵화의 진전 없이는 대외적 고립 속에서 북한 자체의 노력만으로 경제 재건과 개발이 불가능하다는 것이다. 다시 말해 북한이 핵정책을 포기하고 세계경제질서의 규칙과 규범을 수용해야 북한 경제의 재건과 개발을 위한 국제사회의 지원과 협력이 가능해진다. 그런데 북한 경제의 재건과 개발은 한반도 평화 및 통일 환경 조성 차원에서도 요구된다는 점에서, 한반도 문제의 당사자인 남한의 입장에서도 비핵화 논의의 진전이 이루어지면 치밀한 관여 정책을 통해 북한경제 재건 및 개발을 위한 국제협력체계의 구축을 지원해나갈 필요가 있다.

제2차세계대전 이후 미국을 중심으로 형성된 세계경제질서 아래 선

를 취한 바 있다. 그러나 이러한 개선 조치의 구체적 내용은 알려지지 않고 있다. 그리고 2013년부터 다수의 경제개발구를 지정한 바 있다.

2 '국가경제 발전 5개년 전략'은 구체적인 목표의 제시 없이 기존의 주장을 재구성한 측면이 강하다. '국가경제 발전 5개년 전략'의 주요 내용은 ≪로동신문≫, 2016년 5월 9일 자 참조. 북한의 제7차 당대회 경제 분야 평가와 전망과 관련해서는 김석진, 「경제 발전 5개년 전략의 주요 내용 및 평가」, 통일연구원, 『북한의 제7차 당대회: 평가와 전망』(제13차 KINU 통일포럼 자료집, 2016.5.16), 65~78쪽.

진국 및 국제금융기구의 개발도상국 및 빈곤국에 대한 개발협력 지원은 초기 국가 간 원조 형태로 미국에 의한 자본 또는 기술의 무상 이전이 주된 형태였다. 그러나 점차 개발협력을 제공하는 공여국의 수가 늘어남에 따라 원조 형태도 무상 원조, 유상 원조, 기술 협력 등으로 다양화되었다. 또한 국가 간 원조뿐만 아니라 다자간 원조도 활발하게 진행되었고, 공공부문뿐만 아니라 민간부문에 의한 투자도 점차 증가하게 되었다. 이 과정에서 개발원조의 효과성에 대한 논쟁이 지속되었으며, 이 과정에서 원조의 효과성을 높이기 위한 원칙과 전략 등을 정립해나갔다.[3] 이러한 국제개발협력은 21세기에 들어오면서 NGO의 역할이 증대하고 개발, 무역, 금융, 지속적 성장, 환경, 인간안보 등 다양한 이슈 영역과 상호 연계됨으로써 보다 복합적인 과제가 되고 있다. 또한 NGO의 역할이 강화되는 거버넌스적 현상이 나타나고 여러 행위자들이 상호 연계되어 역동적인 모습을 보여주고 있다. 이에 따라 기존의 양자 간 혹은 강대국 중심의 국제기구와 수원국 간의 관계에서 지역, 글로벌 다자적 제도로까지 확대되는 복합적 양상을 보이고 있다. 예를 들어 개도국의 빈곤 문제는 그들만의 문제가 아니라 지역적, 지구적 차원의 안정과 번영을 위협하는 요인으로 간주되면서 다양한 개발협력 거버넌스[4]의 활

---

[3] 이에 대한 자세한 설명은 한국국제협력단(KOICA), 『국제개발협력의 이해』(파주: 한울, 2013), 27~36쪽.

[4] 보통 거버넌스는 "개인들과 기구들이 공동의 문제를 공적 또는 사적으로 해결하는 다양한 방식들을 집약한 것"으로 이해된다. 이러한 거버넌스는 "충돌하는 다양한 이익들을 조화시키고 협력적인 활동을 모색하는 지속적인 과정"이고, "이는 개인들과 기구들이 합의를 했거나 그들의 이익에 합치된다고 인정하는 공식적이고 비공식적인 조치들을 포함"한

동이 이루어지고 있다.

국제개발협력 지원은 20세기 후반 사회주의 개혁 및 체제전환 과정에도 많은 영향을 끼쳤다. 소련 및 동유럽의 체제전환 과정에서는 거시경제적 안정과 더불어 신속한 사유화와 경제에 대한 국가의 개입 및 규제의 최소화를 지원하면서 이른바 '충격요법'이라 부르는 구조적인 시장경제개혁 정책의 실시를 권장하고 지원했다. 중국과 베트남의 경우에는 개혁개방 정책을 추진하는 데 있어 기존의 지배체제를 유지하는 가운데 계획경제의 시장경제로의 이행을 촉진하는 '절충적' 방식을 통해 국제개발협력 지원이 이루어졌다.[5]

그러나 앞서 살펴봤듯이 북한은 미국과의 대립과 핵 개발로 인한 국제사회의 제재가 오랜 기간 지속되면서 국제금융기구에 가입도 못하고 있으며, 국제개발협력 거버넌스와의 관계도 매우 낮은 수준에 머물러 있다. 북한이 개혁개방 의지를 보인다 하더라도 핵 문제를 해결하지 못하면 국제사회의 본격적인 개발협력 지원을 받을 수 없는 상황이다.

이에 이 글에서는 비핵화의 진전 혹은 해결을 전제로 북한이 중국과 베트남 사례처럼 당·국가 주도의 개혁개방 정책을 추진할 것으로 가정하고, 이를 지원하기 위한 글로벌 개발협력 거버넌스의 협력 방향과 한

다. 칸스(Margaret P. Karns)·밍스트(Karen A. Mingst), 『국제기구의 이해: 글로벌 거버넌스의 정치와 과정』, 김계동 외 옮김(서울: 명인문화사, 2011), 4쪽. 따라서 개발협력 거버넌스는 개발협력을 둘러싸고 충돌하는 다양한 이익들을 조화시키고 협력적인 활동을 모색하는 지속적인 과정으로 정의할 수 있을 것이다.
5 최봉대, 「북한 체제전환과 국제금융기구의 기술원조 방안」, 윤대규 엮음, 『북한의 체제전환과 국제협력』(서울: 한울, 2009), 168~169쪽.

국의 과제를 분석한다. 다만 현재 북한의 글로벌 개발협력 거버넌스와의 협력 실태를 고려하고, 국제개발협력이 진행된다면 기본적으로 북한의 국제금융기구 가입이 전제되어야 한다는 점에서 북한과 유엔 및 국제금융기구와의 협력으로 한정한다.

우선 사회주의 개혁 및 체제전환 과정에서 글로벌 개발협력 거버넌스의 활동이 어떤 영향을 미쳤는지를 확인하고, 이를 바탕으로 글로벌 개발협력 거버넌스에 대한 북한의 인식과 대응, 협력 실태를 살펴본다. 20세기 후반에 진행된 사회주의 개혁 및 체제전환에 대한 글로벌 개발협력 거버넌스의 지원을 그대로 북한에 적용할 수 없지만, 북한 개발협력 지원의 방향을 설정하는 데 유의미한 기준을 제시할 수는 있을 것이다. 그리고 21세기 들어 개발협력 지원이 수원국의 개발전략과 능력, 의지 등의 수준을 고려해 이루어지고 있다는 점에서 현재 북한의 글로벌 개발협력 거버넌스에 대한 인식과 협력 실태를 살펴볼 필요가 있다. 마지막으로 이를 종합하여 북한 경제개발을 위한 글로벌 개발협력 거버넌스의 협력 방향과 한국의 과제를 제시해보고자 한다.

2. 사회주의 개혁 및 체제전환과 글로벌 개발협력 거버넌스

1) 급진적 체제전환과 글로벌 개발협력 거버넌스

제2차세계대전 이후 미·소의 대립으로 성립된 냉전 체제하에서 소련은 미국의 유럽부흥계획(마셜 플랜)과 대공산권의 경제 봉쇄에 맞서 1949년 1월 상호경제원조회의(CMEA, 또는 COMECON)를 창설하여 회원국 상호 간의 자원 공유와 협동으로 경제 발전을 도모하고자 하였다. 초창기 이 기구에는 소련을 비롯해 폴란드, 루마니아, 체코, 불가리아, 헝가리 등 6개국이 참여하여 역내 국가들이 매년 협의를 통해 상호 무역거래를 확대하고 산업화를 이룩하여 지속적으로 생활수준을 향상시키는 것을 목표로 하였다.[6]

그러나 상호경제원조회의가 소기의 성과를 거두지 못하자 회원국들의 불만이 증가했으며, 기술 및 자본에 있어서 서방국가와의 협력 필요성 및 유인이 증가함에 따라 상호경제원조회의를 통한 경제협력의 상대적 필요성이 점차 감소했다. 또한 사회주의국가들은 계획경제와 외연적 성장 방식에 의한 발전 전략이 한계에 도달하면서 계획경제의 개선을 통한 부분적 개혁과 더불어 대서방 경제개방정책을 시도하게 되었고, 1970~1980년대 들어서는 중국, 베트남을 비롯한 대부분의 사회주의국가들이 경제개혁과 대외 개방정책을 추진해나갔다. 사회주의국가들은 대외 개방정책을 추진하면서 세계 자본주의체제에 편입하는 방법을 모색하기 시작했다. 상호경제원조회의는 서방 진영에 대항하기 위해 창설되었기 때문에 소련은 회원국들이 자본주의 진영의 국제금융기구인 IMF나 IBRD 등에 가입하는 것을 제한해왔다. 그러나 사회주의국

---

6 이 기구에 동독은 1950년에 가입했고 동유럽 국가 이외에 몽고(1962년), 쿠바(1972년), 베트남(1978년) 등이 회원으로 가입하였다. Europa Publications Limited(ed.), *The Europa World Year Book 1992*(London: Europa Publications Limited, 1992), p. 128.

가들은 늘어나는 대외 부채와 만성적인 무역 적자를 해소하기 위해서는 서방과의 관계 개선이 필요했다. 그렇지만 국제금융기구들은 미국의 영향을 강하게 받을 뿐만 아니라 엄격한 경제 원칙에 입각하여 개방된 대외 경제정책을 표방할 경우에만 가입을 허용했기 때문에 확고한 대외 경제정책의 개혁 없이는 동유럽 사회주의국가들이 참여하기가 쉽지 않았다.[7]

헝가리의 경우, GATT에 가입(1974년)하여 주요 대외 무역 거래처인 EC로부터의 부당한 처우를 받지 않으려 했고, 1982년 IMF에 가입하여 누적된 대외 부채를 청산할 방법을 모색하였다.[8] 사실 1970년대부터 동유럽 국가들이 공통적으로 경험했던 경제적 어려움 가운데 하나는 늘어나는 대외 부채와 무역 적자이다. 대외 부채와 무역 적자가 급증한 것은 1970년대 서방국가들로부터 경화로 결제하는 물자 수입이 급증했지만 대서방 수출은 이에 따르지 못했기 때문이다.[9] 이에 따라 1980년대 들어와 대외 무역 활성화와 동시에 외국인의 투자를 확대하는 개방정책을 적극 추진하였다. 그리고 1980년대 중반 소련의 고르바초프가 동유럽 패권 주자로서의 지위를 포기하는 동시에 세계 경제로의 편입을 시도함

---

7 이 때문에 유고(IMF:1945년, GATT: 1966년)와 루마니아(IMF: 1972년, GATT: 1971년) 등 소련으로부터 독자적인 입장을 취하는 국가들이 우선적으로 가입했고 헝가리(IMF: 1982년)나 폴란드(IMF: 1986년)는 1980년대에 들어와서야 가입하였다. 홍유수, 『동구 경제개혁의 유형과 성과』(서울: 대외 경제정책연구원, 1992), 104쪽.

8 민족통일연구원, 『사회주의체제 개혁·개방 사례 비교연구』(서울: 민족통일연구원, 1993), 252쪽.

9 동유럽 각국의 외채 및 대서방국가 무역적자 현황에 대해서는 성백남, 「동구의 대외거래」, 김달중·정갑영·성백남, 『동구의 정치·경제』(서울: 법문사, 1992). 참조.

으로써 이러한 정책을 더욱 촉진시켰다. 그러나 소련 및 동유럽 국가들의 경우 개혁·개방정책이 실패로 돌아가면서 당·국가체제가 무너지고 급격한 체제전환의 과정을 겪었다.

소련 및 동유럽의 체제전환 과정에서 선진국 및 국제금융기구는 거시경제적 안정과 더불어 신속한 사유화와 경제에 대한 국가의 개입 및 규제의 최소화를 지원하면서 이른바 '충격요법'이라 부르는 구조적인 시장경제개혁정책의 실시를 지원했다. 1988년부터 1997년까지 동유럽 10개국이 IMF로부터 지원받은 액수는 약 89억 달러에 달한다. 개별 국가로는 폴란드, 헝가리 등이 가장 많은 IMF 융자를 받았다. IMF는 동유럽 국가들에 대한 상당한 규모의 자금 지원과 함께 시장경제체제로의 신속한 전환과 경제개혁을 위한 권고를 수행하였다. 세계은행그룹의 IBRD 차관도 동유럽 국가들의 경제개발을 위한 비용 조달에 중요한 역할을 담당하였다. 1998년 동유럽 국가들이 도입한 IBRD 차관은 총 82억 3000만 달러로 개발도상국 전체 IBRD 차관액의 7.1%를 점하였다. 이러한 국제금융기구의 지원은 민간 자본의 유치로도 연결되었다.[10] 물론 초기 대부분의 동유럽 국가에서는 사유화 과정의 지체나 결과적 왜곡, 경제적 침체 등의 어려움을 겪었으나 비교적 빠르게 회복 국면에 접어들었다.[11]

---

10 맹준호, 「북한개발지원을 위한 금융협력 과제와 한국의 역할」, 한국수출입은행 북한개발연구센터 편, 『북한개발과 국제협력』(서울: 오름, 2014), 235쪽.

11 Minxin Pei, "Microfoundations of State-Socialism and Patterns of Economic Transformation," *Communist and Post-Communist Studies*, Vol. 29, No. 2(1996), pp.131~132.

2) 점진적 체제전환과 글로벌 개발협력 거버넌스

중국과 베트남의 경우에는 당·국가체제를 유지하는 가운데 현재까지는 개혁·개방정책을 성공적으로 추진해나가고 있는 것으로 평가받고 있다.

중국은 1949년 혁명의 성공 이후 소련을 모델로 하여 사회주의국가를 건설해나갔다. 이에 따라 1950년대 중국의 대외 관계는 소련에 대한 의존 일변도였다고 할 수 있다. 그러나 1960년대 중소 대립으로 미국과 소련 양국을 모두 적대시하는 정책으로 전환했다. 그러다가 1970년대 초 미국과의 적극적인 연대를 통해서 반소패권주의 연합으로 전환하면서 개혁개방정책 추진의 토대를 마련했다고 할 수 있다. 다시 말해 등소평의 개혁개방정책 추진은 미국과의 관계 개선이 밑바탕이 되었다. 미국과의 화해는 중국에 대한 미국의 경제금수조치의 해제와 코콤 (COCOM) 등과 같은 전략물자 수출에 대한 집단적 규제의 완화라는 결과를 가져왔으며 미국뿐 아니라 일본과 기타 서방국가들이 중국과의 교역을 확대하고 또 다양한 간접 투자를 시행할 수 있도록 하는 긍정적 투자 환경을 조성하였다.[12]

1979~1998년 기간 동안 중국이 세계은행 등 국제금융기구로부터 도입한 다자간 국제공적자금은 약 243억 7000만 달러로 전체 외자 도입

---

12 정재호, 「개혁기 중국의 대외관계: 계속성, 변화, 그리고 '중국위협론'」, 정재호 엮음, 『중국 개혁-개방의 정치경제 1980-2000』(서울: 까치, 2002), 368~370쪽.

규모의 6%에 지나지 않는다. 여기서 지적하고 싶은 것은 중국이 개혁개방 초기 국제금융기구에 가입하고 금융 및 비금융 지원을 받았으나 IMF가 공여하는 프로그램 차관과 이에 따르는 급진적 구조조정 프로그램은 도입하지 않았다는 점이다.[13] 중국은 거대한 규모로 잠재적 투자 가치가 높은 시장으로 개혁개방 이후 화교 자본을 비롯한 민간 자본의 투자가 증가하였다. 이에 중국은 정부 주도의 점진적 개혁을 추구해나갈 수 있었던 것이다. 중국의 경제개혁 과정은 상징적인 의미를 지닌다. 점진적이고 순차적인 경제체제개혁을 택했던 중국은 지속적인 성장을 구가했으며 천안문사태를 제외하면 정치적인 갈등도 상대적으로 작았다.

한편, 전통적인 개발도상국의 개발 과정을 답습하고 있는 베트남의 개혁개방은 IMF의 급진적 거시안정화정책과 구조조정 프로그램을 수용하여 서방의 외자를 적극 유치하였으나 민영화 과정은 매우 천천히 추진하여 동유럽의 급진적 개혁모델에 비하여 부분적인 급진개혁모델로 불리기도 한다. 그러나 기본적으로 베트남의 개혁노선은 급격한 정치개혁 없이 경제개혁을 추진하고 있는 중국의 점진주의적 개혁노선에 가깝다고 할 수 있다. 다만 대외 의존도가 높았던 소규모 이행경제인 베트남은 개혁 초기 소련의 원조 중단으로 국제금융기구 등 외부 지원에 의존할 수밖에 없었기 때문에 내부 자본 및 화교 자본의 동원이 가능했던 중국보다는 급진적 개혁노선을 선택한 것이다. 베트남에 경제성장의 동력으로서 외자가 본격적으로 유입되기 시작한 것은 1989년부터이

---

13 맹준호, 앞의 글, 237쪽.

다. 베트남의 캄보디아 철수를 계기로 아시아 주변국과 주요 서방국가들과의 관계 개선을 도모함으로써 국제금융기구와 서방의 양허성 원조가 확대되기 시작하였다. 특히 베트남의 외자 도입은 미국이 1993년 7월 국제금융기구의 베트남 융자 재개를 허용함으로써 본격화되었고, 베트남은 민간 자본 유치에도 많은 노력을 기울였다.[14]

이처럼 사회주의권의 다양한 시장경제체제로의 전환 과정은 체제전환경로와 경제개혁정책에 관한 논의를 증대시켰다.[15] 사회주의국가들에 있어서 개발과 개발협력은 다양한 면을 보여주고 있다. 저발전 사회주의국가(중국, 베트남)의 체제전환 과정에서는 개발의 문제가 저발전 해소와 아울러 시장화의 진전이라는 측면에서 이해될 수 있다. 그러나 진전된 산업화의 경험을 가진 탈사회주의 체제전환국들에게 개발의 개념은 이와 다른 면을 보여주고 있다. 이들은 위기의 발생이 저발전의 해소보다는 사회주의 산업화의 모순에 기인하기 때문이다. 따라서 사회주의 공업국가들의 체제전환 과정에 있어 개발의 문제는 저발전의 해소보다는 시장화의 진전과 보다 깊은 관련이 있으며, 개발협력 역시 이에 대한 지원의 성격이 더 강하다고 할 수 있다. 따라서 저발전의 해소를 통한 생활수준의 향상을 목표로 하는 일반적 개발모델의 적용은 제한적인 의미를 지닌다고 할 수 있다.[16]

---

14 위의 글, 239~240쪽.
15 임강택 외, 『국제사회 경제원조 이론과 실제 : 북한 경제원조를 위한 모색』(서울, 통일연구원, 2008), 44쪽.
16 이금순 외, 『국제개발이론 현황』(서울, 통일연구원, 2008), 111쪽.

중국, 베트남과 같이 사회주의 체제의 근간을 유지하면서 개혁·개방을 추진할 경우 국내적 요인들과 달리 대외 관계를 어떻게 풀어나가느냐 하는 것은 매우 중요한 과제였다. 즉 국가 차원의 협력뿐만 아니라 국제금융기구 등과 정치적·경제적으로 어떠한 관계를 가지고 있느냐에 따라 개혁·개방에 미치는 영향은 상당히 복합적이었다. 이들 국가 및 국제기구들과의 협력 등은 곧바로 OECD DAC의 공적개발원조(ODA) 지원으로 연결되며 이에 추가하여 민간의 투자 등과도 연관된다.[17] 이는 자본이 부족한 체제전환기 국가에 자금 갈증을 해소할 수 있는 원천이 되기 때문에 개혁개방정책을 실행하는 데 중요한 자산으로 기능하게 된다.

이러한 사회주의체제의 개혁과 체제전환 과정과 유형에 있어 공통적으로 영향을 미쳤던 것으로 미국과의 관계 개선과 국제금융기구의 역할을 들 수 있을 것이다. 1970년대의 오일쇼크 이후 IMF 및 IBRD 등 국제금융기구와 GATT체제(관세 및 무역에 관한 일반협정: General Agreement on Tariff and Trade)는 세계의 금융자본 이동 및 상품교역체계를 주도하면서 각국의 경제정책에 깊이 관여함으로써 사회주의체제하의 국가들이 더 이상 독자적 경제체제하에서 대외 경제 관계 발전을 추구하기 어렵게 만들었다. 이러한 자본주의 국제경제 질서의 조건은 동유럽 사회주의국가들은 물론 중국, 베트남, 북한 등 아시아의 사회주의국가들에

---

17 김영진, 「사회주의 국가의 개혁·개방정책과 공적개발원조(ODA)의 역할: 중국, 베트남 사례의 북한에 대한 시사점」(경남대 대학원, 박사학위 논문, 2011), 34쪽.

있어서도 심대한 영향을 미쳤던 것이다. 즉 과거의 계획경제체제를 대외 경제 교류에 보다 적합한 체제로 전환시켜야 할 필요성이 대두되었다. 그리고 이러한 국제금융기구와 세계경제체제를 미국이 주도하고 있다는 점에서 미국과의 관계 개선이 매우 중요해질 수밖에 없었다. 소련으로부터 독립적인 입장을 취했던 유고나 루마니아 등이 쉽게 국제금융기구에 가입하고, 성공적인 개혁·개방을 추진했던 중국과 베트남의 사례에서도 이를 확인할 수 있다. 사회주의 체제전환의 초기 조건의 하나로서 대외 환경, 구체적으로 소련과의 관계, 서방세계와의 정치 및 경제 관계(특히 미국과의 관계), 그리고 이를 기반으로 한 국제금융기구와 협력 등은 각 국가들의 개혁·개방 및 체제전환에 많은 영향을 끼쳐왔다.

어쨌든 사회주의국가들은 국제사회의 지원을 바탕으로 시장 시스템을 학습하고 자본주의 경영 방식을 도입함으로써 국가를 점차 시장 원리에 익숙한 구조로 변화시켜나갔다. 이들은 서방 세계의 시장 주체들과 교류하면서 전환기 국가 및 사회가 필요로 하는 물적·지적 자산을 유입하는 역할을 충실히 수행하였다. 이렇듯 사회주의 체제전환국에 있어 개발협력은 개혁개방을 견인하는 역할을 할 뿐 아니라 기술 지원을 통해 정치적, 사회적, 문화적 변화로 파급된다. 이처럼 개발협력은 경제적 요소뿐만 아니라 기존 사회의 고정관념이나 이데올로기에 변화를 주면서 개혁개방을 내실 있게 추진할 수 있는 동력을 제공하였다.

3. 글로벌 개발협력 거버넌스에 대한 북한의 인식과 협력 실태

1) 글로벌 개발협력 거버넌스에 대한 북한의 인식과 대응

북한의 공식 문헌이나 사전에는 '글로벌 거버넌스'나 '개발협력'이라는 용어가 등장하지 않는다. 따라서 북한이 이 개념을 어떻게 해석하고 있는지 파악하기 쉽지 않다. 다만 개발협력을 지구적 차원에서 추진하고 있는 국제금융기구에 대한 부정적인 인식들은 공식 문헌들에 잘 나타나 있다. 북한은 제국주의론에 입각해 외국자본에 의한 자국 경제의 종속을 경계하면서 국제금융기구를 부정적으로 바라보고 있다.[18]

북한은 서방국가의 대외정책을 기본적으로 타국에 대한 지배를 강화하는 수단으로 보고, 이를 집행하는 국제금융기구도 순수한 투자 및 원조 활동 외에 본질적으로는 경제적 지배와 이익 창출을 위한 도구로 인식하고 있다.

"국제금융기구가 표방하는 규정과 활동목적에는 협력, 원조와 같은 미사려구가 담겨져 있지만 그것은 본질에 있어서 발전도상나라들을 국제경제기구에 얽매여 놓고 경제적 지배와 략탈을 손쉽게 보장하자는 것이다."[19]

---

[18] 고영남, 「우리나라의 대외 경제적 련계를 차단하여 온 미제의 악랄한 책동」, ≪경제연구≫, 제1호(2011), 63쪽.

[19] 김혜선, 「제국주의적 경제기구의 침략적, 략탈적 성격」, ≪경제연구≫, 제4호(2011), 60~61쪽.

"제국주의 사상적대변자들인 부르죠아경제학자들은 발전된 자본주의나라들과 발전도상나라들의 통화금융관계 ≪개편≫의 미명하에 무엇보다도 국제금융기구의 ≪지도적 역할론≫을 들고나오고 있다.... "국제금융기구들의 ≪지도적 역할≫이란 한마디로 말하여 국제금융기구들이 자금융자와 신용대부라는 경제적 공간을 리용하여 발전도상나라들의 정부와 계획기관들의 활동에 간섭하며 발전도상나라들이 다른 나라들과 맺는 경제적 관계의 성격과 방향을 규제하도록 한다는 것이다.... 국제금융기구들의 ≪지도적 역할≫에 의한 발전된 자본주의나라들과 발전도상나라들의 통화금융관계의 개편과 발전도상나라들의 경제 발전의 ≪기여≫에 대한 부르죠아경제학자들의 주장은 무엇보다도 발전된 자본주의나라들과 발전도상나라들의 ≪경제기술적의존관계≫를 절대화하고 이 나라들에 대한 식민지통치의 후과를 가리우려는 목적을 추구하고 있는 반동리론이다."[20]

북한은 국제금융기구가 신용과 융자를 도구로 하여 대상국 경제정책에 관여하면서 그 사회의 경제적 성격과 제도에 대한 변화를 시도하는 역할을 하는 것으로 인식하고 있다. 또한 개발도상국에 경제원조를 실행하면서 이를 통해 경제적 지배를 효율적으로 실현하고자 한다는 것이다. 북한은 미국과 서방국의 통제하에 있는 국제경제기구가 경제원조를 대가로 수원국 정책에 노골적으로 개입하고, 특히 1980년대 말 세계화라는 미명하에 IMF나 세계무역기구(WTO) 등을 통해 수원국에 대한

---

20 계춘봉, 「국제금융기구들의 〈지도적역할론〉」, ≪경제연구≫, 제3호(2005), 37쪽.

신식민주의적 진출을 강화하고 있다고 주장한다.

"미국과 서방나라들은 국제경제기구를 동원하여 사회경제적 난관을 겪
고 있는 나라와 민족들에게 ≪구제원조≫를 주는 대가로 이 나라와 민족
들의 정책에 노골적으로 간섭하고 있다. 다시 말하여 미국과 서방의 대
독점체들의 리익과 요구 실현의 하수인으로 되고 있는 국제경제기구들
은 ≪구제원조≫를 구실로 ≪긴축예산을 세우라≫, ≪관세를 낮추라≫,
≪경제개혁과 구조조정을 다그치라≫고 하면서 이 나라들의 민족경제
에 깊숙이 개입하여 제 마음대로 쥐고 흔들고 있다. 그리하여 미제를 우
두머리로 하는 제국주의자들이 경제의 ≪세계화≫를 본격적으로 강행
하기 시작한 1980년대 말을 전후로 한 시기로부터 오늘에 이르기까지
적지 않은 발전도상나라들과 민족들이 ≪국제통화기금≫과 ≪국제무역
기구≫를 비롯한 국제경제기구들과 국제금융기관들의 신식민주의적인
신탁통치를 받는 비참한 처지에 빠지게 되였다."[21]

북한은 개발도상국들에 있어 자본의 국제화는 대외 채무의 증가 속
에 대외 의존을 강화하고 정치적, 경제적 입지는 더욱 약화시키는 과정
이라고 주장한다.[22] 이는 미국이 세계지배질서를 유지하고 공고화하는
수단으로 기능하며 반서방 성향의 국가들에 대해서 언제든지 압박 수단

---

21 최성일, 「미제가 제창하는 〈세계화〉론의 반동성」, ≪김일성종합대학학보: 철학 경제≫,
제4호(2007), 42쪽.
22 리경영, 「자본의 국제화에 의한 발전도상나라들의 경제적처지의 악화」, ≪김일성종합
대학학보: 철학 경제≫, 제1호(2011), 121쪽.

으로 활용하려는 의도를 가지고 있기 때문이라는 것이다.[23] 북한은 현재 개발도상국 원조를 실행하는 OECD/DAC, IMF, IBRD 등은 미국 및 서방국의 영향권 아래 있으면서 국외 지배력 확대를 위한 도구로 활용하며, 이를 '조약' 또는 '협약'의 이름으로 합법화하는 가운데 그 침략적 속성을 은폐한다고 주장하고 있다. 결국 이를 통해 수원국 민족산업은 침체되고 그 공간을 서방의 이익이 채우게 되며 수원국 국부의 해외 유출이 일상화되는 것으로 보고 있다.[24]

"오늘 미제를 비롯한 제국주의자들이 ≪세계화≫에서 의거하는 ≪필수적 수단≫이라고 광고하는 ≪개발원조≫와 ≪자본시장≫, ≪과학기술≫과 ≪정보의 이전≫등은 ≪문명보급≫이 아니라 발전도상나라와 민족의 자주권을 빼앗고 경제의 발전을 억제하기 위한 병주고 약주고격의 함정이다."[25]

한편, 북한은 제국주의론에 입각해 국제경제기구에 대한 부정적 인식을 가지고 있지만, 현재 개발도상국의 경제 발전 과정에서 외부로부터 차관을 도입하여 활용하는 것은 대세이자 가장 일반적인 국제사회와의 교류 형태임을 인정하고 있다.

---

23 김혜선, 「국제경제기구와 그 성격」, ≪김일성종합대학학보: 철학 경제≫, 제4호(2005), 48쪽.

24 위의 글, 49쪽.

25 리신효, 「제국주의자들의 경제 〈세계화〉의 책동과 그 파산의 불가피성」, ≪경제연구≫, 제1호(2006), 54쪽.

"현 시기 발전도상나라들뿐만 아니라 발전된 나라들도 여러 가지 목적으로 외국투자를 적극 끌어들이고 있으며 그 형태와 방식도 끊임없이 변화되고 있다. 그것은 투자도입국에서 외국투자를 잘 리용하면 그것이 나라의 경제기술적 발전에서 일정한 긍정적 역할을 할수 있기 때문이다."[26]

북한은 외국 투자가 일반적으로 개발도상국 경제 발전에 다양한 형태로 기여하고 있으며, 이를 경제 발전에 효율적으로 이용하면 긍정적 역할을 할 수 있음을 강조하고 있는 것이다. 그러면서도 북한은 자신들이 세계자본주의경제 논리의 희생양이 될 수 있음을 경계하고 있다.

"국제대부형태들은 지난날 금융업이 발전한 자본주의나라들에서 발생하고 국제대부를 통한 자본의 침투로 발전도상나라들을 경제적으로 예속시키고 략탈하려는 제국주의자들의 의사와 요구에 맞서 발전되여온 것으로 하여 불공평한 국제경제질서를 다분히 담고 있다."[27]

따라서 북한은 외국자본을 경제 발전과 선진 기술 취득에 활용하되 북한 경제가 외국자본의 논리에 휘둘리지 않고 경영과 판매 등 기업 활동의 주체성은 지켜야 한다고 주장한다. 또한 북한은 경제 회생과 발전을 위한 과정에서 외국자본에 대한 유용성을 인식하고 국제사회의 투자를 실리적으로 활용하고 경제 발전의 토대로 활용할 것을 강조한다.[28]

---

26 리명숙, 「국제투자의 역할에 대한 리해」, 김일성종합대학출판사, ≪김일성종합대학학보: 철학 경제≫, 제3호(2012), 119쪽.

27 채광진, 「국제대부와 그 형태」, 과학백과사전출판사, ≪경제연구≫, 제2호(2012), 56쪽.

북한은 이를 위해서는 사회주의 원칙을 철저히 고수해야 한다는 입장을 견지하고 있다.

"미제를 비롯한 제국주의자들과 반동들이 우리나라 사회주의를 내부로부터 와해시키려고 악랄하게 책동하는 조건에서 우리가 다른 나라의 투자를 받아들이고 리용하는데서 어떤 원칙을 견지하는가 하는 것은 매우 중요한 문제로 제기되기 때문이다. 그러므로 외국투자를 리용하는데서 나서는 원칙적 요구를 잘 알고 그곳을 철저히 지켜야 한다."[29]

그런데 북한은 이러한 사회주의 원칙을 고수해나가는 가운데, 경제발전을 통한 국익의 증대와 체제의 근간을 이루는 사회주의 원칙이 충돌한다면 정치적 이익을 먼저 고려해야 한다고 주장한다. 즉 경제적 이해와 정치적 이해가 충돌할 경우 정치적 이해를 우선시해야 한다는 것이다.

"사회주의 국가가 정치적 리익과 경제적 리익의 호상관계를 풀어나가는데서 나서는 원칙적 요구는 정치적 리익을 실현하는 기초 우에서 경제적 이익을 보장하는 것이다. 정치적 리익을 실현하는 기초 우에서 경제적

---

28 "다른 나라의 투자를 우리 혁명의 요구와 리익에 맞게 받아들이고 효과적으로 리용하는 것은 나라의 경제를 발전시키며 대외경제관계를 발전시키는데서 일정한 의의를 지닌다. 현실발전의 요구에 맞게 외국투자를 리용해 나가는데서 중요한 문제는 이 사업을 옳은 원칙을 가지고 진행하는 것이다." 리정경, 「현실발전의 요구에 맞게 외국투자를 효과적으로 리용하는데서 나서는 원칙적 요구」, ≪경제연구≫, 제4호(2012), 49쪽.
29 위의 글, 49쪽.

리익을 보장하여야 인민대중의 우리 식 사회주의제도를 옹호고수하고 그에 의거하여 나라의 경제를 발전시키고 인민생활을 향상시켜 나갈 수 있다."[30]

경제 영역과 정치 영역이 별개로 움직이는 것이 아니라 지극히 실무적인 경제 문제일지라도 사회주의적 경제 발전을 사회주의 정치 운명과 직결되는 사안으로 인식하고 정치적인 차원에서 접근하고 있는 것이다.[31] 국제경제기구나 개발협력에 대한 이러한 인식 아래, 북한은 사회주의 원칙을 유지하면서 자신의 체제에 위협이 되지 않고 주민 생활 향상에 기여할 수 있는 개발협력에 적극적인 자세를 보이고 있다. 동시에 자신의 경제 회생과 재건을 위한 해외투자 유치나 국제경제기구를 활용할 수 있는 방안을 강구하는 모습도 보이고 있다.

2) 북한과 글로벌 개발협력 거버넌스의 협력 실태

북한은 국제사회와의 협력 경험이 많지 않다. 북한은 유엔 회원국으로 유엔개발계획(UNDP), 유엔세계식량계획(WFP), 유엔아시아태평양경제사회위원회(UN ESCAP) 등 유엔 기구와의 협력은 가능하다. 대표적인 협력 사례로는 UNDP의 두만강지역개발계획(TRADP) 사업 협력을

---

30 최광호, 「대외 무역에서 혁명적원칙, 사회주의원칙을 지키면서 실리를 보장하기 위한 방도」, ≪경제연구≫, 제1호(2012), 39쪽.
31 정영섭, 「현시기 경제사업에서 사회주의원칙을 고수하며 사회주의경제의 우월성을 높이 발양 시키는데서 나서는 중요한 문제」, ≪경제연구≫, 제3호(2012), 5쪽.

66 글로벌 거버넌스와 북한의 정치·경제 체제전환 전망

들 수 있다.

　1991년 7월 몽골 울란바토르에서 열린 동북아 소지역 개발계획에 관한 정부 간 회의에서 UNDP가 동북아 지역에 관한 4개 분야 제5차 중점 예산 사업 중 두만강지역개발을 최우선 사업으로 지정하면서부터 정부 간 개발협력 사업으로 발전하게 되었다. 이와 함께 다자간 협력개발 구상의 경제적 보완성을 구체화하기 위해 한국과 일본의 자본을 러시아 극동 지역, 중국 동북 지역, 북한 등의 지역에 투입하는 개발 프로젝트가 검토되었다. 이 프로젝트에는 극동 러시아 사할린 석유 및 천연 가스 개발, 야쿠츠크와 이르쿠츠크 지역의 천연가스 개발, 중국 헤이룽장 성 삼각 평원 개발 등이 대상으로 검토되었다. 그러나 이 가운데 가장 중요하게 검토된 중국, 러시아, 북한 3국의 접경 지역을 국제적으로 개발하자는 TRADP가 중요성을 가지게 되었다.[32] 이렇게 두만강 지역은 국제 사회의 주목과 검증을 거치는 가운데 1991년 10월 24일 UNDP는 뉴욕 본부에서 기자회견을 개최하여 국제사회를 향해 두만강 유역 삼각주를 개발할 것을 선언하였던 것이다.

　광역두만강개발계획(GTI)은 1990년대 초 유엔개발계획이 주도한 두만강지역개발계획(TRADP)에 그 모태를 두고 추진되는 정부 간 협력체계를 의미한다.[33] 두만강 개발 지역이 갖고 있는 풍부한 개발 잠재력에

---

32 윤승현, 『두만강지역의 신개발 전략과 환동해권 확대 방안』(강원: 강원발전연구원, 2009), 8~9쪽.

33 광역두만강개발계획(GTI)은 동북아시아 경제개발과 협력 증진을 목적으로 하는 국제 기구다. 한국의 기획재정부와 중국 상무부, 러시아 경제개발부, 몽골 재무부 등 4개국 정부 경제부처가 참여한다. 북한은 2009년에 탈퇴했다. GTI는 1992년 유엔개발계획

도 불구하고 TRADP 사업은 GTI로 변경되던 2005년까지 별다른 성과를 거두지 못했다. 그 결과 회원국들은 2005년 TRADP를 GTI 체제로 전환하고 협력 범위를 과거 러시아, 중국, 북한 중심에서 한국의 강원도 및 부산 지역, 몽골, 일본으로까지 확대하는 조치를 취하였다. 그러나 이러한 노력에도 불구하고 GTI 사업은 최근까지 추진력이 약했으며, 이는 2009년 중국이 두만강개발사업을 동북3성개발계획과 연동하여 중앙정부 사업으로 책정, 격상하면서 활성화되는 조짐을 보이고 있다. 특히 중국과 러시아가 두만강 접경 지역의 운송 인프라 확충에 적극적으로 참여함에 따라 GTI 사업의 활성화 가능성이 전망되기도 했다.[34]

중국은 GTI 사업을 동북3성진흥전략과 연계하여 추진하고 있다. 동북3성진흥전략은 랴오닝의 '5점 1선' 계획과 지린성의 '창지투 사업' 계획, 헤이룽장의 '하다치 공업벨트 조성' 계획을 바탕으로 추진되며, 이는 랴오닝 '2대 기지, 3대 산업' 발전 전략, 지린성 '5대 기지' 발전 전략, 헤이룽장 '6대 기지' 발전 전략으로 구체화된다. 러시아의 GTI 참여는 신극동지역개발전략과 맞물려 계획, 추진되고 있다. 러시아 정부의 신극동지역개발전략은 극동·자바이칼 지역개발 사업, 에너지·교통 장기전략 2020 사업, 에너지자원의 통합된 공급시스템 구축 사업을 포함한다.

(UNDP)이 지원하는 두만강개발계획(TRADP)으로 출범했다. GTI 사무국은 베이징에 있다.(≪아시아경제≫, 2013년 5월 16일 자). GTI는 동북아 경제개발을 위해 한국, 중국, 러시아, 몽골 등 4개국이 참여하는 지역협력 협의체로, 유엔 산하기구 유엔개발계획(UNDP)의 지역협력 프로그램이다(연합뉴스, 2012년 12월 18일 자).

34 조명철·김지연, 『GTI(Greater Tumen Initiative)의 추진동향과 국제협력방안』(서울: KIEP, 2010), 3쪽.

북한은 두만강 지역 및 나선 지역 개발과 관련하여 저조한 사업 성과 및 유엔안보리 제재에 대한 불만으로 2009년 이 사업을 탈퇴하였다. 그러나 북한은 중국과 러시아와의 협력, 특히 나진항 개발을 통해 이 사업에 간접 참여하고 있다.[35]

한편, 북한은 1995년 국제사회에 역사상 처음으로 인도주의적 긴급구호를 요청한 이후 현재까지 상당한 규모의 인도적 지원을 받아왔다. 이 과정에서 지원 물품의 분배의 투명성을 확인하기 위한 모니터링을 비롯한 지원 기구의 지원 활동을 보장해나갔다. 현재 유엔 산하단체인 유엔개발계획(UNDP), 식량농업기구(FAO), 유니세프(UNICEF), 세계보건기구(WHO), 유엔식량계획(WFP) 등이 평양에 사무소를 두고 활동하고 있다.

그런데 북한은 국제사회에 긴급구호를 요청한 지 10년이 지난 2005년 8월 26일 평양 주재 UN 담당관에게 2006년부터 유엔 기구들과 NGO들의 긴급구호성 인도적 지원을 더 이상 받지 않고 개발협력을 대신 수용하겠다는 입장을 전달했다. 인도적 지원은 소비성 지원이라는 점에서 개발협력을 통한 투자성 지원을 받겠다는 의도라 할 수 있을 것이다. 이후 국제사회는 북한에 대한 지원을 개발협력으로 바꾸기 위해 북한에서 활동하고 있는 유엔 기구와 북한 당국 간에 개발협력을 추진하기 위한 '유엔-북한 협력을 위한 전략계획, 2007~2009(Strategic Framework for Cooperation between the United Nations and the Government of the

---

35 위의 책, 5쪽.

Democratic People's Republic of Korea, 2007~2009)'을 수립했다.[36]

UNDP 등 평양에 상주하는 유엔 기구들은 이를 기반으로 북한의 기아 인구를 절반으로 줄이는 새천년개발목표(MDGs) 달성을 지원하기 위한 '대북 개발지원 활동 5개년 전략'을 2009년 2월부터 수립하기 시작했다. 이 전략은 '유엔과 북한 정부 사이의 협력을 위한 전략기본계획(Framework for Cooperation between the United Nations and the Government of the Democratic People's Republic of Korea, 2011~ 2015)'이라는 이름으로 2011년 7월 공개되었다. 이 기본계획이 나오기 전인 2011년 1월에는 국가지원계획(Country Programme for Democratic People's Republic of Korea, 2011~2015)을 수립했다. 유엔은 이 전략과 계획들을 통해 북한 당국이 스스로 수립한 경제개발계획과 MDGs와 일치하도록 우선순위와 활동들을 정했다. 그러나 유엔은 북한에 대한 MDGs 지원을 시작했지만 한반도의 불안정한 정치안보적 환경, 북한의 핵 개발 등에 따른 재원 마련의 어려움, 북한 내에서의 이용 가능한 인적·제도적 역량의 부족 등 다양한 제약들로 인해 국제사회가 2015년까지 달성하려는 MDGs의 달성 속도 면에서 아시아·태평양 지역에서 가장 느린 국가 가운데 하나로 평가하고 있다.[37]

국제사회와 북한과의 개발협력이 지지부진한 가장 큰 이유는 개발협

---

36 장형수 외,『북한 경제 발전을 위한 국제협력체계 구축 및 개발지원전략 수립 방안』(서울: 통일연구원, 2012), 31쪽.

37 이에 대한 자세한 설명은 임을출, 「글로벌 개발협력 거버넌스에 대한 북한의 시각과 대응: 새천년개발목표(MDGs) 체제와의 관계를 중심으로」, ≪통일정책연구≫, 제22권 2호 (2013), 137~164쪽 참조. 결국 북한의 MDGs 목표는 달성하지 못한 것으로 공개되었다.

력을 주도하고 있는 세계은행, IMF, 아시아개발은행 등 국제금융기구에 가입하지 못한 것이라 할 수 있다. 북한은 1997년 IMF를 공식 초청해 재정성, 국가계획위원회, 조선중앙은행, 조선무역은행, 대외경제위원회, 농업위원회 관료 등이 IMF 가입 등의 전제 조건 없는 순수한 조사 목적의 협의를 진행하였다. IMF는 북한 경제 상황을 파악하고 북한 당국에 국제사회에서의 IMF의 역할과 IMF 가입에 따르는 책임에 대한 정보를 제공하였다고 한다. IMF 상임이사회에서의 IMF 조사단의 구두 보고에 의하면 방북 당시에 북한이 IMF 가입을 비공식적으로 타진한 것으로 알려져 있다. 당시 북한 당국은 IMF 조사단의 출장보고서를 일정 기간 외부에 공개하지 말 것을 요구했기 때문에 IMF는 조사단의 북한 방문 1년 후인 1998년 9월에 이 출장보고서를 일반에 공개했다. 1998년 2월에는 세계은행의 고위 인사가 북한을 비공식 방문하여 북한 재정성, 조선중앙은행, 조선무역은행 등에서 세계은행 가입 여건을 포함한 세계은행 전반에 대한 설명회를 개최하기도 하였다.[38]

북한은 IMF나 세계은행과의 접촉을 시도했지만, IMF와 세계은행에 정식으로 가입을 신청한 적이 없다. 다만 1997년과 2000년에 아시아개발은행(ADB) 가입을 희망한 적이 있다. 그러나 ADB도 IMF나 세계은행과 마찬가지로 미국이 동의하지 않으면 가입이 불가능하다. 이와 관련해 한 연구는 당시 북한이 국제금융기구에 대한 지식이 부족했던 걸로

---

38 장형수, 「국제금융기구의 개발지원 메커니즘과 북한개발지원」, 한국수출입은행 북한개발연구센터 편, 『북한개발과 국제협력』(서울: 오름, 2014), 100쪽.

해석하기도 한다.[39] 어쨌든 핵 문제로 인한 미국과의 대립이 북한의 국제금융기구의 가입을 가로막고 있다고 할 수 있다. 결국 핵 문제 해결 및 북미관계 개선이 이루어지지 않는다면 북한이 가입 의도를 갖고 있다 하더라도 가입할 수 없는 상황이다. 따라서 핵 문제 및 북미관계의 정상화를 계기로 북한이 국제금융기구에 가입하게 되면 자연스럽게 개발협력과 관련된 표준적인 절차들이 북한에 적용될 것이다.

반면에 북한은 유엔의 MDGs를 비롯한 유엔의 활동에는 협력적 자세를 보이고 있다. 이는 북한의 우선적 과제가 되고 있는 주민 생활 향상을 위해 유엔의 지원을 전략적으로 활용하려는 의도를 가진 것으로 평가할 수 있다. 북한 박길연 외무성 부상은 2009년 9월 유엔총회 기조연설에서 "우리가 경제 강국으로 되면 지역의 경제 발전에도 새로운 활력이 되고 유엔의 새천년개발목표 달성을 위한 국제사회의 노력에서도 의미 있는 구성 요소가 될 것"이라고 밝혔다.[40] 북한은 국제기구의 개발협력 파트너 조직으로 국가조정위원회를 설립하고, 유엔 시스템이 우선순위 과제로 선택한 부문들에서 최선의 결과가 나올 수 있도록 국가 차원의 노력을 하는 데 동의했다. 특히 모니터링과 평가시스템을 가동해 목표 달성과 관련한 진전 상황을 정기적으로 공유하는 것에도 합의했다.[41]

북한은 유엔과의 개발협력에 관한 규범과 관행들을 어느 정도 숙지하고 수용하려는 자세를 보이고 있다. 이는 UNDP를 비롯한 유엔 기구

---

39 장형수 외, 『북한 경제 발전을 위한 국제협력체계 구축 및 개발지원전략 수립 방안』, 32쪽.
40 연합뉴스, 2009년 9월 29일 자.
41 장형수 외, 『북한 경제 발전을 위한 국제협력체계 구축 및 개발지원전략 수립 방안』, 56쪽.

와 오랜 신뢰관계를 유지해온 점, 특히 UNDP는 권위주의 국가도 지원하는 원칙을 갖고 있어 비교적 지속적으로 북한과 협력해나갈 수 있다는 점이 크게 작용하고 있는 것으로 보인다. 북한의 입장에서도 자신의 체제에 위협이 되지 않고 주민 생활 향상에 기여할 수 있는 개발협력은 적극 수용할 수 있다는 점에서 사회주의 원칙을 유지하는 가운데 유엔과의 협력에 나서고 있는 것이라 할 수 있다.

4. 북한 경제개발을 위한 개발협력 거버넌스의 협력 방향과 과제

1) 북한 경제개발을 위한 글로벌 거버넌스의 협력 방향

현재 핵 문제로 인해 북한이 공식적으로 개혁개방 의지를 표방하더라도 미국과의 관계를 고려한다면 국제금융기구 가입과 지원은 불가능하며, 글로벌 개발협력 거버넌스와의 관계도 현재의 수준에서 벗어나지 못할 것이다.

그럼에도 불구하고 국내에서는 통일 준비 차원에서 북한 경제개발 방향과 방안 등에 대한 논의가 적지 않게 진행되어왔다. 북한 경제개발을 위한 국제협력 논의의 대부분은 북한 핵 문제의 진전 또는 해결을 전제로 한국 주도의 협력 방향과 과제를 제시하고 있다. 북한 경제개발을 위한 국제협력 방안으로는 한국 주도의 동북아개발은행 설립, 신탁기금[42] 활용, 북한개발지원 그룹 형성 등이 주로 검토되고 있다.[43]

그런데 국제사회는 다양한 개발지원 경험을 바탕으로 개발지원 방향 및 절차에 대한 원칙, 규범, 관례 등을 정립해오고 있다. 따라서 북한의 경제개발에 대한 국제사회의 지원이 이루어진다면, 우선적으로 이러한 기준에 따라 국제사회는 북한 당국과의 협의를 통해 개발지원 전략을 수립하고 추진해나갈 것이다. 이 과정에서 북한 당국이 한국의 참여를 제한한다면, 한국이 실질적으로 할 수 있는 일은 별로 없을 수밖에 없다. 따라서 핵 문제 해결 이전이라도 남북관계를 개선하고 경제협력을 중심으로 한 남북한 교류 협력을 활성화함으로써 상호 신뢰를 축적해나 가는 것이 바람직하다고 할 수 있다. 어쨌든 북한 경제개발을 위한 국제 협력에서는 수원국인 북한의 입장과 능력에 따라 그 지원 방향과 규모 등이 결정될 수밖에 없으며, 이 과정에서 북한과의 협력을 통해 한국의 주도적 역할을 확보하기 위해서는 사전 정지 작업이 요구된다 하겠다.

이 글에서 상정한 북한 핵 문제가 어느 정도 해결 과정에 들어서게 되면, 남한, 미국, 일본, 중국, 러시아 등은 이에 상응하는 조치에 대한 기본적인 합의를 이루게 되고 국제사회의 북한에 대한 제재조치가 상당히

---

42 신탁기금은 공여국 정부 또는 기관이 개발도상국의 개발 사업이나 기술협력 사업을 수행할 목적으로 세계은행이나 지역개발은행 등의 국제개발은행(MDBs)에 관리를 위탁한 자금을 의미한다. 장형수 외, 『북한 경제 발전을 위한 국제협력체계 구축 및 개발지원전략 수립 방안』, 39쪽.

43 이에 대한 기존 논의는 장형수·박영곤, 『국제협력체 설립을 통한 북한 개발지원 방안』 (서울: 대외 경제정책연구원, 2000); 임을출, 『북한 개발협력을 위한 주요 쟁점과 정책 과제』(서울: 통일연구원, 2006); 장형수 외, 『북한 개발지원을 위한 국제협력방안』(서울: 통일연구원, 2009); 장형수 외, 『북한 경제 발전을 위한 국제협력체계 구축 및 개발지원전략 수립 방안』(서울: 통일연구원, 2012); 한국수출입은행 북한개발연구센터 편, 『북한개발과 국제협력』(서울: 오름, 2014) 등을 참조.

완화되어나갈 것이다. 또한 이 국가들은 북한과의 경제협력을 상당히 진전시켜나갈 것이다. 또한 북한은 북미관계 진전에 따라 세계경제질서 편입의 첫 단계로 IMF, 세계은행, ADB 등에 가입 의사를 표시하고, 미국, 일본, 유럽 등 국제금융기구의 주요 의사 결정 국가들은 검토를 시작할 것이다. 북한이 회원국 지위를 얻는 데 최소한 2~3년 정도의 시간이 걸릴 것이다. 그리고 북한이 이들 기구를 통한 자금 도입을 추진한다 하더라도 여러 가지 이행조건에 대한 논의가 선행되어야 한다.

여기서 우리가 참고해야 할 것은 사회주의국가들의 사례이다. 앞서 살펴봤듯이 동유럽의 경우, 국제금융기구의 구조조정차관을 도입하고 그 조건으로 요구하는 단기적 거시안정화 프로그램을 포함한 급진적 개혁정책을 수용하였다. 반면에 중국은 체제전환과 구조조정을 위한 지원보다는 프로젝트 차관 도입에 역점을 두면서 국제민간자금 유치에 노력하였다.

중국은 1981년에 IBRD나 IDA로부터 자금을 빌리기 시작하였고, 이후 적극적인 경제개혁 프로그램을 수행해왔지만 세계은행으로부터 구조조정 자금을 빌린 적이 없으며, 은행으로부터 빌린 자금은 모두 투자 프로젝트와 기술 지원에 사용했다. 중국은 개혁개방 초기 국제금융기구에 가입하고 금융 및 비금융 지원을 받았으나 IMF가 공여하는 프로그램 차관과 이에 따르는 급진적 구조조정 프로그램은 도입하지 않았다. 베트남의 경우에는 1986년 도이모이 경제개혁 프로그램을 실행하기 시작하여 1990년경 세계은행과 접촉하고 경제정책에 관해 정책 대화를 나누기 시작하였다. 1993년에 처음으로 투자 프로젝트 차관이 이루어졌고 첫 번째 구조조정 신용대출이 1994년에 이루어졌는데, 이때는 베트남이 체제전환을 위한 개혁을 강력하게 추진하기 시작한 시점이었다. 1990년대 나머지 기간 동안 투자 프로젝트는 구조조정차관보다 국제금융기구 금융지원 프로그램에서 좀 더 큰 역할을 수행했다. 2001년 이래로 구조조정차관이 증가하고 있는데, 이는 정부개혁 프로그램의 국제적 신인도 및 세계은행과 15년 이상 발전시켜온 관계를 반영하는 것이다.[44]

북한이 어떤 선택을 할 것인가는 북한이 설정한 경제개발의 목표와 방향에 따라 결정될 수밖에 없을 것이다. 북한이 글로벌 개발협력 거버넌스에 대한 인식의 변화 없이 자신이 주도하는 위로부터의 점진적 방식을 통한 경제개발을 추구한다면, 동유럽 사례와 같은 이행조건을 수용할 가능성은 거의 없다고 할 수 있다. 중국과 베트남에서의 경험에 비추어 보면, 북한은 국제금융기구와의 초기 국면에서 투자 프로젝트와 기술 지원을 전반적인 개발전략의 금융지원 수단으로 사용하는 데 집중하거나, 개혁 프로그램에 관한 자문을 받는 수단으로서 활발한 정책 대화를 수행하는 데 집중할 것이다.

점진적 체제전환을 추진하고 있는 중국이나 베트남 지배 엘리트의 최우선적 목적은 정치체제의 안정적 유지 속에서의 경제 발전이다. 따라서 개혁 초기에 이 목적에 부합하는 한도 내에서 개발지원을 선별적으로 수용하려는 이들의 태도가 개발지원 수용 과정에서 가장 중요한 요인으로 작용하였다. 중국과 베트남은 개발지원 수용 과정에서 국제

---

44 맹준호, 「북한개발지원을 위한 금융협력 과제와 한국의 역할」, 251~252쪽.

금융기구나 이 기구에 영향력을 행사하는 미국에 의한 자국 경제의 침식과 그에 수반되는 지배체제 위협 가능성에 대해 상당히 경계하였다. 북한의 경우에도 지배엘리트의 이해관계를 우선적으로 고려해야만 한다. 현재 북한은 미국의 위협 속에서 체제 수호 차원의 발전이라는 견지에서 인식하고 대응하고 있다. 북한이 미국과의 관계 정상화를 이루고 미국이 공식적으로 체제 보장을 확약한 뒤에도 일정 기간 동안 국제금융기구의 개발지원에 있어 이런 인식에 의해 제약을 받을 수 있다. 특히 북한 체제가 붕괴되어 남한에 흡수 통일될 경우 동독처럼 자신들의 이권이 완전히 박탈될 것이라는 강박관념에서 벗어나지 못하고 있다. 이 요인을 고려하지 않은 채 공여기관의 의도나 정책적 목표만을 일방적으로 부각시키면서 이를 기대효과에 무매개적으로 연결시키는 논의는 적잖이 비현실적일 수밖에 없다. 미국을 비롯한 서구 선진국이나 국제금융기구 개발지원 핵심은 수원국 체제의 붕괴에 있다고 보고, 기존 체제의 유지를 염두에 두는 북한 입장에서 미국이나 그 대리 기구라고 간주하는 국제금융기구에 대한 적대적인 인식은 쉽게 해소되지 않을 것 같고, 이는 개발지원 수용에도 부정적으로 작용할 가능성이 크다. 한편으로는 북한은 중국이나 베트남의 경험을 후발 주자의 사전 학습 이점을 살려 적절하게 활용할 가능성도 존재한다.[45]

따라서 세계은행을 비롯한 국제금융기구의 개발지원은 예상되는 북한 경제개혁 시간표에 대응하여 준비하고 조정할 필요가 있다. 북한은

---

45 최봉대, 「북한 체제전환과 국제금융기구의 기술원조 방안」, 205~211쪽.

경제개혁 직전의 중국이나 베트남과 마찬가지로 개발자금 확보가 절실한 처지이지만 국제금융기구의 지원을 받기 위해 체제안보와 관련된 기밀 노출의 우려가 있는 사회경제적 통계자료의 제출에 소극적일 가능성이 크다. 따라서 국제금융기구는 북한 국가의 경제정책 결정 및 집행상의 일정한 자율성을 전제한 위에서 장차 개발지원의 적극적 수용을 유도하고, 수용 효과를 최대한 산출하는 데 도움이 될 수 있는 쪽으로 사전 정지 작업을 전개할 필요가 있다.[46]

한편, 기존 연구들은 북한이 국제금융기구에 가입하고 자금을 지원받는 데 상당한 시간이 소요된다는 점에서 북한 경제개발 초기 활동을 지원하기 위해 세계은행이 관리하고 양자 간 원조방식으로 재정 지원을 하는 신탁기금의 창출을 제안하고 있다. 세계은행의 경우, 투자 프로젝트, 훈련 및 능력 배양, 여타 기술 지원 준비 등에 신탁기금이 사용된다. 공식 회원국 지위를 얻는 과정에 있거나 회원국 부적격 국가로 남아 있는 국가나 정치적 실체에 대해 세계은행이 신탁기금을 지원한 사례가 있다. 소련(1991), 가자지구(1993), 보스니아 헤르체고비나(1995), 코소보(1999), 동티모르(1999) 등이 이에 해당된다. 따라서 북한에 대한 특별신탁기금 설립은 첫째, 단기간 내에 북한이 국제금융기구에 가입하기 힘들다는 점, 둘째, 국제금융기구 가입이 주요 관계국 간에 합의되더라도 그 실현에는 상당한 시간이 걸리므로 과도기에 시급한 자금 지원을 가능하게 한다는 점, 셋째, 국제금융기구 가입 시와 비교하여 자료 제출

---

46 위의 글, 212~213쪽.

의무 조항과 정책 협의 의무가 상대적으로 약하므로 북한의 입장에서도 부담이 적다는 이점 등을 고려할 때 적극적으로 검토해볼 수 있는 방안이라 할 수 있다.[47]

이러한 신탁기금의 활용을 비롯해 북한 경제개발을 위한 국제협력체계를 구축하기 위해 6자회담 참여국을 중심으로 한 '북한개발지원 그룹'을 결성하여 북한 경제개발을 체계적으로 지원할 것을 제안한 연구가 있다.[48] 북한의 비핵화 대가로 이에 상응하는 지원을 6자회담 참여국들이 해야 한다는 점에서 의미 있는 다자간 협력체라고 볼 수도 있다. 그러나 북한의 입장에서는 6자회담에서 합의한 개별 국가의 지원과 관련해서 이러한 협력체와 다시 협의를 해야 하기 때문에 부정적인 반응을 보일 수 있다. 따라서 비핵화의 대가와 별개로 북한 경제개발 지원을 위한 협의체를 운영하는 것이 바람직하다고 할 수 있다.

그렇다면 '북한개발지원 그룹'의 북한 경제개발 지원 목표는 어떻게 설정할 수 있을 것인가? 국제사회에서 일반적으로 인정하는 저소득 개발도상국에 대한 개발지원의 목표는 빈곤 감축형 성장(pro-poor growth), 빈곤층 친화적 거버넌스, 인간개발을 위한 사회 서비스 공급, 성 평등 제고, 환경보호 등이다. 유엔은 북한의 실정을 고려하면서 이러한 국제기준을 적용하여 북한 당국과 긴밀한 협의를 거쳐 북한 개발전략 계획을 수립한 바 있다. 이 계획은 북한의 개발수요와 우선순위, 그리고 추

---

47 맹준호, 「북한개발지원을 위한 금융협력 과제와 한국의 역할」, 255~257쪽.
48 이에 대해서는 장형수 외, 『북한 경제 발전을 위한 국제협력체계 구축 및 개발지원전략 수립 방안』(서울: 통일연구원, 2012) 참조.

진 방향 등을 파악할 수 있는 틀을 제공하고 있다고 할 수 있다. 이를 감안해 북한 경제개발 지원의 가장 중요한 목표를 설정해본다면, 인도적 차원에서 첫째, '모든 북한 주민의 기본 생활을 보장하고 인간개발을 위한 사회 서비스 공급을 확충'하는 것으로 설정할 수 있다. 둘째, '에너지 공급을 비롯한 기본적 경제 인프라의 정비', 셋째, '대외 경제교류 활성화를 통한 경제성장 기반 구축'으로 설정해볼 수 있다. 첫 번째 목표는 국제적 표준과 잘 일치하는 것이라 할 수 있고, 두 번째와 세 번째 목표는 북한 당국의 개발수요를 반영함과 동시에 북한의 개방 확대를 유도하기 위해 통상적인 경우보다 경제 개발지원을 더 강조하는 의미를 가질 수 있다.[49]

비핵화 논의가 진전되면서 북한이 미국과 관계 개선을 이루고, 이를 바탕으로 본격적인 개혁개방을 추진한다고 하더라도, 이 방식은 위로부터의 주도에 의한 것으로 중국이나 베트남의 사례와 유사한 방식일 가능성이 높다. 따라서 북한 경제개발을 위한 글로벌 거버넌스의 협력은 초기부터 국제 기준에 따라 북한 당국과 협의하는 과정에서 상당한 어려움을 겪을 수밖에 없을 것이다. 초기에 북한 경제개발 지원의 효과성을 높이기 위해서는 정책 협의 과정에서 이행조건을 너무 까다롭게 하거나 북한 사정을 고려하지 않은 채 엄격한 기준을 적용하기보다는 북한의 요구를 중심으로 지원전략을 수립하여 수용 효과를 최대한 산출하도록 전개해나갈 필요가 있다. 그리고 이를 바탕으로 형성된 신뢰관계

---

49 위의 책, 97~98쪽.

를 중심으로 향후 북한이 개발지원을 더욱 적극적으로 수용할 수 있도록 유도해나가야 할 것이다. 이러한 방식이 국가 주도로 경제개발을 추진하는 북한의 저발전 해소뿐만 아니라 시장경제 확산에도 기여할 것으로 판단된다.

2) 북한 경제개발을 위한 국제협력과 한국의 과제

저소득 개발도상국에 대한 경제개발 지원은 무엇보다도 협력 주체 간의 신뢰 구축이 필수적인 전제 조건 가운데 하나이다. 이와 관련해서 우리는 북한이 국제사회로부터 신뢰를 획득해야 함을 강조한다. 물론 북한은 항상 자신에게만 유리한 방식의 협력이 가능하지 않다는 것을 분명히 인식하고 국제사회의 책임 있는 참여자로서 역할을 하기 위한 노력을 경주할 필요가 있다. 그러나 북한 당국의 제국주의론에 입각한 선진국 및 국제금융기구의 개발지원에 대한 부정적 인식이 하루아침에 변화하는 것도 쉽지 않다. 비핵화의 진전과 함께 북미관계 개선이 이루어진다면 북한의 세계경제질서로의 편입이 이루어질 것이다. 이 과정에서 북한이 본격적인 개혁개방을 공식적으로 표방한다 하더라도 이 정책 목표가 체제전환을 목표로 하는 것이 아니라는 점이다. 따라서 중국과 베트남 사례와 비추어 경제개발 지원과 관련해 북한의 경제개발 목표와 사회경제적 상황을 고려한 정책적 협의를 추진해나갈 필요가 있다. 북한도 마찬가지로 중국과 베트남 사례를 교훈 삼아 개발지원 논의에 적극적인 모습을 보일 필요가 있다. 결국 북한 경제개발을 위한 글로벌 거버넌스와의 협력은 북한과 공여주체 간의 협력의 실효성과 효율성을 제고시키기 위해 상호신뢰를 바탕으로 단계적이면서 상호 연계된 협력을 추진해나가야 한다. 국제사회와 북한 양측이 협력의 이익과 비용을 분담해야만 지속성과 안정성을 갖춘 개발협력이 가능해질 것이기 때문이다.

따라서 북한도 글로벌 개발협력 거버넌스와의 협력을 통해 형성된 신뢰를 바탕으로 점차 국제적 기준과 절차에 맞춰나가야 한다. 기본적으로 개발지원을 위해 우선적으로 요구되는 신뢰할 만한 사회경제적 실태 자료를 제공하는 것에서부터 출발해야 할 것이다. 그리고 개발지원 자금이 어떻게 활용되었는지 투명하게 공개함으로써 개발지원의 효과성을 높이는 데 적극 협력할 필요가 있다. 국제적 기준과 절차에 입각한 개발지원이 이루어지고 이에 대한 평가 작업이 이루어질 때 개발지원 주체에게도 지원의 명분이 확보되고 지원 규모도 확대될 수 있다.

이 과정에서 한국은 북한과의 관계 개선을 바탕으로 한 신뢰 구축을 통해 북한 당국에게 한국이 믿음직한 조언자 역할을 할 수 있는 상대임을 인식시킬 필요가 있다. 앞서 설명했듯이 북한이 한국의 역할을 제한한다면 한국이 관여할 수 있는 공간은 협소해질 수밖에 없다. 따라서 북한과 긴밀한 관계를 유지하고 있어야 북한이 지원 요청을 하는 주요 국가가 될 수 있으며, 국제사회로부터 한국이 주도하는 지원의 정당성을 확보할 수 있다. 북한에게도 글로벌 개발협력 거버넌스와의 협력을 강화하기 위해서는 한국 정부의 역할이 중요함을 설득해야 할 것이다.

북한 경제개발을 위한 글로벌 거버넌스의 협력과 관련해서 한국의 과제는 북한과의 신뢰를 바탕으로 첫째, 북한의 개발전략 수립을 지원할 필요가 있다. 여기서 유의해야 할 점은 우리의 입장이 아닌 북한의 입장과 국제적 기준을 고려한 개발전략을 수립할 수 있도록 조언하는 역할에 머물러야 한다는 점이다. 한국의 과거 개발 방식이나 통일을 상정한 관여는 북한과의 신뢰를 훼손할 우려가 있다.[50]

둘째, 이렇게 작성된 북한의 개발전략에 따라 북한의 이해와 요구를 반영하는 개발지원 프로그램을 만들어나가야 한다. 국제사회의 개발지원은 수원국과의 협의를 통해 그들의 이해와 요구를 반영하고 있다. 이와 관련해 북한과의 지원과 관련한 조율 과정에서 정치적 문제와 개발지원을 연계하여 정치적 문제 해결에 '지원'을 지렛대로 사용하지 말아야 한다. 지원의 전제 조건으로 북한의 민주화를 요구하기보다는 지원을 하면서 정치적 전략 대화를 계속 유지하는 것이 바람직하다. 지원을 통한 북한 변화를 유도하면서 유럽연합의 사례처럼 민주주의와 인권, 거버넌스 등과 같은 보편적 가치를 공유해나갈 수 있도록 장기적인 계획을 수립해 추진해나갈 필요가 있다.[51] 더불어 북한 지원 사업의 이익이 가

---

[50] 북한을 한국이 바라는 방식대로 개발하려면 북한에 대한 통치권을 확보하거나 아니면 대규모 원조를 통해 영향력을 행사하는 방법이 있다. 첫 번째 방법은 통일 이전에는 불가능한 것이고, 두 번째 방법은 개발협력에 대한 국제관례에 어긋난다. 개발협력은 특정 공여국이 원하는 방향으로 수원국에 대한 영향력을 행사하는 통로가 될 수 없다는 것이 국제원조사회의 대원칙이다. 장형수, 「북한개발지원을 위한 국제협력·방향과 과제」, 한국수출입은행 북한개발연구센터 편, 『북한개발과 국제협력』(서울: 오름, 2014), 16쪽.

[51] 유럽연합 사례에 대해서는 구갑우·박병인·이무철, 『KOICA의 체제전환국 개발협력사업 성과연구 - 유럽연합의 체제전환국 지원과의 비교』(성남: 한국국제협력단, 2016) 참조.

능한 한 많은 북한 주민들에게 돌아갈 수 있도록 북한 정부뿐만 아니라 해당 사업의 이해당사자들과의 접촉면을 확대해나가야 할 것이다.

셋째, 북한의 개혁개방 초기에 개발지원을 위한 국제공적자금을 최대한 조성할 수 있도록 다자간 국제협력의 틀을 구성하고 이에 대한 북한의 참여를 유도할 필요가 있다. 국제사회의 안정적인 지원을 확보하기 위해서는 북한의 경제개발을 효율적으로 추진할 수 있는 국제적 조정채널이 마련될 필요가 있기 때문이다. 이와 관련한 북한 개발을 위한 신탁기금 설립을 지원할 필요도 있다.

넷째, 이를 바탕으로 북한 경제개발 지원의 공여 주체들과의 협력체계를 구축할 필요가 있다. 이는 북한 경제개발 지원에 대한 공여 주체들의 중복 지원 방지를 비롯한 여러 가지 문제점을 사전에 방지하고, 지원의 효과성을 높이기 위함이다.

5. 결론

국내의 북한 경제개발을 위한 국제협력 구축, 지원전략, 지원체계 등에 대한 논의는 한국의 입장을 중심으로 진행되는 경향이 강하다. 물론 이들 논의들이 경제개발의 주체인 북한 당국을 고려하고 있지만, 북한이 국제적 표준 절차를 따르도록 유도해야 한다는 점을 강조하거나 통일이나 체제전환을 전제로 논의가 진행된다.

그러나 현실적으로 비핵화가 진전되었다는 것은 북한 체제에 대한 안전보장이 이루어졌다는 것을 의미한다. 그렇다면 체제보장을 바탕으로 한 북한 당국이 동유럽 사례와 같은 급진적 체제전환을 선택할 가능성은 매우 낮을 수밖에 없다. 북한 당국 입장에서는 중국이나 베트남 사례처럼 당·국가 주도의 경제개혁과 개방정책 추진을 선호할 것이다. 따라서 국제사회와의 개발협력도 사회주의 체제를 유지하는 가운데 경제발전을 위해 선별적 수용의 자세를 보일 가능성이 높다. 북한은 미국과의 관계 정상화 이후에도 국제금융기구를 비롯한 글로벌 개발협력 거버넌스와의 초기 협력에 있어 국제금융기구나 이 기구에 영향력을 행사하는 미국에 의한 자국 경제의 침식과 그에 수반되는 체제 위협 가능성에 대한 경계심이 제약 요인으로 작용할 것이다. 이 요인을 고려하지 않은 채 공여기관의 의도나 정책적 목표만을 일방적으로 부각시키는 것은 현실성 없는 논의가 될 수밖에 없다. 물론 북한이 중국이나 베트남의 경험에 대한 학습 효과를 통해 국제사회의 개발협력을 적절하게 활용할 가능성을 배제할 수는 없다.

결국 초기에 북한 경제개발 지원의 효과성을 높이기 위해서는 정책협의 과정에서 이행조건을 너무 까다롭게 제시하는 것을 자제해야 할 것이다. 그리고 북한 사정을 고려하지 않은 채 엄격한 기준을 적용하기보다는 북한의 요구를 중심으로 지원전략을 수립하여 수용 효과를 최대한 산출할 수 있는 방식을 모색해야 한다. 북한이 선별적으로 수용한 개발지원 사업을 북한 당국과의 협의를 통해 구체화하고, 국제적 표준 절차에 따라 진행하여 소기의 성과를 달성한다면 향후 북한이 개발지원을 더욱 적극적으로 수용하면서 국제적 기준에 맞추어 국내의 법과 제도를 정비해나갈 것이다. 이는 결국 북한의 저발전 해소뿐만 아니라 시장경제 구축에도 상당한 영향력을 발휘할 수 있다는 것을 의미한다.

그런데 북한 경제개발을 위한 국제협력이 추진되는 과정에서 북한 당국이 한국의 참여를 제한한다면, 한국이 실질적으로 할 일은 별로 없다. 따라서 핵 문제 해결 이전이라도 남북관계를 개선하고 경제협력을 중심으로 한 남북한 교류협력을 활성화함으로써 상호 신뢰를 축적해나가는 것이 바람직하다고 할 수 있다. 이 과정에서 한국은 북한과의 관계개선을 바탕으로 한 신뢰 구축을 통해 북한 당국에게 한국이 믿음직한 조언자 역할을 할 수 있는 상대임을 인식시킬 필요가 있다. 또한 국제적 기준에 어긋나는 대규모 원조를 통해 북한에게 영향력을 행사하려는 방식을 지양해야 할 것이다. 정치적 문제와 개발지원을 연계하여 정치적 문제 해결에 '지원'을 지렛대로 사용하지 말아야 한다는 것이다. 지원의 전제 조건으로 북한의 민주화를 요구하기보다는 지원을 하면서 정치적 전략대화를 계속 유지하는 것이 바람직하다. 지원을 정치적으로 활용하기보다는 북한 지원사업의 결과가 북한 주민들에게 더 많이 돌아갈 수 있도록 해당 사업의 이해당사자들과의 접촉면을 확대해나가는 것에 집중하는 것이 좀 더 효과적인 관여 방법이 될 것이다. 장기적으로도 북한 주민들의 마음을 얻는 것은 통일 대비 차원에서 더욱 중요한 작업이 될 수 있기 때문이다.

참고문헌

1. 국내 문헌

1) 단행본

구갑우 · 박병인 · 이무철. 2016. 『KOICA의 체제전환국 개발협력사업 성과연구-
　　유럽연합의 체제전환국 지원과의 비교』. 성남: 한국국제협력단.

민족통일연구원. 1993. 『사회주의체제 개혁 · 개방 사례 비교연구』. 서울: 민족통
　　일연구원.

윤승현. 2009. 『두만강지역의 신개발 전략과 환동해권 확대 방안』. 강원: 강원발
　　전연구원.

이금순 외. 2008. 『국제개발이론 현황』. 서울: 통일연구원.

임강택 외. 2008. 『국제사회 경제원조 이론과 실제: 북한 경제원조를 위한 모색』.
　　서울: 통일연구원.

임을출. 2006. 『북한 개발협력을 위한 주요 쟁점과 정책과제』. 서울: 통일연구원.

장형수 외. 2009. 『북한 개발지원을 위한 국제협력방안』. 서울: 통일연구원.

_____. 2012. 『북한 경제 발전을 위한 국제협력체계 구축 및 개발지원전략 수립
　　방안』. 서울: 통일연구원.

장형수 · 박영곤. 2000. 『국제협력체 설립을 통한 북한 개발지원 방안』. 서울: 대
　　외 경제정책연구원.

조명철 · 김지연. 2010. 『GTI(Greater Tumen Initiative)의 추진동향과 국제협력
　　방안』. 서울: KIEP.

칸스(Margaret P. Karns) · 밍스트(Karen A. Mingst). 2011. 『국제기구의 이해-
　　글로벌 거버넌스의 정치와 과정』. 김계동 외 옮김. 서울: 명인문화사.

한국국제협력단(KOICA). 2013. 『국제개발협력의 이해』. 파주: 한울.

한국수출입은행 북한개발연구센터 편. 2014. 『북한개발과 국제협력』. 서울: 오름.

홍유수. 1992. 『동구 경제개혁의 유형과 성과』. 서울: 대외 경제정책연구원.

2) 논문

김석진. 2016. 「경제 발전 5개년 전략의 주요 내용 및 평가」. 통일연구원. 『북한의
　　　제7차 당대회: 평가와 전망』(제13차 KINU 통일포럼 자료집, 2016.5.16).

김영진. 2011. 「사회주의 국가의 개혁·개방정책과 공적개발원조(ODA)의 역할:
　　　중국, 베트남 사례의 북한에 대한 시사점」. 경남대 대학원 박사학위 논문.

맹준호. 2014. 「북한개발지원을 위한 금융협력 과제와 한국의 역할」. 한국수출입
　　　은행 북한개발연구센터 편. 『북한개발과 국제협력』. 서울: 오름.

성백남. 1992. 「동구의 대외거래」. 김달중·정갑영·성백남. 『동구의 정치·경
　　　제』. 서울: 법문사.

임을출. 2013. 「글로벌 개발협력 거버넌스에 대한 북한의 시각과 대응: 새천년개발
　　　목표(MDGs) 체제와의 관계를 중심으로」. ≪통일정책연구≫, 제22권 2호.

장형수. 2014. 「국제금융기구의 개발지원 메커니즘과 북한개발지원」. 한국수출입
　　　은행 북한개발연구센터 편. 『북한개발과 국제협력』. 서울: 오름.

＿＿＿. 2014. 「북한개발지원을 위한 국제협력-방향과 과제」. 한국수출입은행 북
　　　한개발연구센터 편. 『북한개발과 국제협력』. 서울: 오름.

정재호. 2002. 「개혁기 중국의 대외관계: 계속성, 변화, 그리고 '중국위협론'」. 정
　　　재호 엮음. 『중국 개혁-개방의 정치경제 1980-2000』. 서울: 까치.

최봉대. 2009. 「북한 체제전환과 국제금융기구의 기술원조 방안」. 윤대규 엮음.
　　　『북한의 체제전환과 국제협력』. 서울: 한울.

3) 기타

연합뉴스. 2012.12.18.; 2009.9.29.

2. 북한 문헌

1) 논문

계춘봉. 2005. 「국제금융기구들의 〈지도적역할론〉」. ≪경제연구≫, 제3호.

고영남. 2011. 「우리나라의 대외 경제적 련계를 차단하여 온 미제의 악랄한 책동」.

≪경제연구≫, 제1호.

김혜선. 2005. 「국제경제기구와 그 성격」. ≪김일성종합대학학보: 철학 경제≫, 제4호.

_____. 2011. 「제국주의적 경제기구의 침략적, 략탈적 성격」. ≪경제연구≫, 제4호.

리경영. 2011. 「자본의 국제화에 의한 발전도상나라들의 경제적처지의 악화」. ≪김일성종합대학학보: 철학 경제≫, 제1호(2011).

리명숙. 2012. 「국제투자의 역할에 대한 리해」. 김일성종합대학출판사. ≪김일성종합대학학보: 철학 경제≫, 제3호.

리신효. 2006. 「제국주의자들의 경제 〈세계화〉의 책동과 그 파산의 불가피성」. ≪경제연구≫, 제1호.

리정경. 2012. 「현실발전의 요구에 맞게 외국투자를 효과적으로 리용하는데서 나서는 원칙적 요구」. ≪경제연구≫, 제4호.

정영섭. 2012. 「현시기 경제사업에서 사회주의원칙을 고수하며 사회주의경제의 우월성을 높이 발양 시키는데서 나서는 중요한 문제」. ≪경제연구≫, 제3호.

채광진. 2012. 「국제대부와 그 형태」. 과학백과사전출판사. ≪경제연구≫, 제2호.

최광호. 2012. 「대외 무역에서 혁명적원칙, 사회주의원칙을 지키면서 실리를 보장하기 위한 방도」. ≪경제연구≫, 제1호.

최성일. 2007. 「미제가 제창하는 〈세계화〉론의 반동성」. ≪김일성종합대학학보: 철학 경제≫, 제4호.

2) 기타

≪로동신문≫. 2016.5.9.

3. 외국 문헌

Europa Publications Limited(ed.). 1992. *The Europa World Year Book 1992*. London: Europa Publications Limited.

Minxin Pei. 1996. "Microfoundations of State-Socialism and Patterns of Economic Transformation." *Communist and Post-Communist Studies*, Vol. 29, No. 2.

제3장

북한 김정은 정권의 경제개혁과 경제적 관여-제재의 연계 문제

혁명자금 관리제도 및 '전쟁경제 유지'의 경제개혁 제약효과와 관련해서

최봉대

1. 서론

　김정은 정권의 출범 이후 북한은 공장·기업소의 '독자경영체제'나 농업 부문의 가족분조제와 포전담당제 같은 경제개혁('우리식 경제관리방법')을 추진하고 있다.[1] 이런 개혁 조치들은 1980~1990년대 초 중국이나 베트남의 '초기' 경제개혁이나 2011년 이후 쿠바의 라울 카스트로 정권

---

[1] 이와 연계해서 김정은 정권은 외화벌이 수입원의 다변화를 위해 중국과 러시아에 여러 부류의 노동력 수출을 확대하고, 중앙 경제특구 및 지방 경제개발구 사업과 관광산업의 활성화도 꾀하고 있다. 또 주요 대도시들의 시중 외화 환수를 위해 고급 소비시장 개발에도 적극적이다. 최봉대, 「김정은 정권의 월경 경제협력과 경제개혁 정책의 제한성」, 윤대규 엮음, 『글로벌 거버넌스와 북한의 정치 경제』(파주 : 한울엠플러스, 2016), 95~102쪽 참조.

이 추진하고 있는 '경제모형의 갱신' 프로그램과 유사한 면이 있다. 그렇지만 이 나라들의 경제개혁은 실제 정책 면에서 김정은 정권의 경제개혁보다 더 진전된 '부분적 경제개혁'의 범주에 포함될 수 있다.[2] 또 쿠바의 경우 중국이나 베트남에 비해 모호한 구석이 있기는 하지만, 이 나라들은 국가가 시장경제 수용적인 정책적 지향을 제시한 점에서도 북한과 차이가 난다.[3]

이런 점에 비춰 볼 때 김정은 정권의 경제개혁이 북한 '체제전환'을 촉진하는 요인으로 작용할 것이라고 보기는 쉽지 않다.[4] 2000년대 초중반 남한 등의 대북 경제적 관여가 북한의 시장 활성화에 적지 않은 영향을 주긴 했지만, 경제개혁·개방에 유의미한 효과를 산출했다고 보기 어려운 점도 이런 유보적 평가를 뒷받침한다. 그럼에도 북한의 체제전환에서 내생적인 경제적 추동력 형성의 지원 문제가 중요하다는 점에서

---

2 일반적으로 '부분적 경제개혁(partial economic reform)'은 일부 경제 부문들에서 분절된 형태로 시장경제를 도입하면서도 원칙적으로 중앙집권적 계획체제를 지향하는 개혁 방식을 뜻한다. 예컨대 농업부문에서 (유사)가족농 제도를 실시하고, 비농업부문에서는 국유기업에게 경영 자율권을 부여하고, 노동자들에게 사적 협동단체의 결성이나 회사로부터 자본 대부 등을 허용하는 경우를 들 수 있다. 또 대다수 기업의 국가 소유제를 유지하면서 상품의 소매가격이나 기업들 간 판매가격을 '이중가격' 형태로 정부가 규제하는 경우도 있다. 김정은 정권의 경제개혁은 이런 '부분적 경제개혁' 모형과도 많은 차이가 난다.

3 라울 정권의 경제개혁을 시장 중심적 자본주의 이행으로 해석하는 외부 세계의 '오류'를 지적하는 글로 Al Campbell, "Updating Cuba's Economic Model: Socialism, Human Development, Markets and Capitalism," *Socialism and Democracy*, Vol. 30, Iss. 1(2016) 참조.

4 여기서 '체제전환'이라는 용어는 기존 체제전환론의 단선적인 서구식 이행의 목적론적 함의나 체제이행론의 무정향적인 체제변동 함의를 배제하면서 체제전환국들 중 이른바 '혼종정권(hybrid regime)'으로 분류되는 나라들이 자본주의의 새로운 종별 유형으로 성립될 수 있는 가능성을 열어놓는다는 의미로 사용한다.

외삽적인 국제적 요인인 경제적 관여의 중요성에 재차 주목하게 된다. 김정은 정권의 경제개혁을 전망하는 대다수 논의들이 경제개혁 추진에 우호적인 국제적 환경의 조성 여부가 중요한 변수라고 하는 '표준적인' 주장을 하는 것도 이런 연유에서이다. 핵 개발 저지에 실패했다는 점에서 한계를 드러냈지만, 2000년대 후반 이후 비핵화를 목표로 한 대북 제재도 동일 선상에서 언급될 수 있다.[5] 대북 제재는 북한 경제에 심각한 압박을 가하면 불가피하게 북한이 정치군사적 전략을 수정하고 그와 더불어 경제관리 방식도 변화시킬 것이라는 정책적 의도를 포함하고 있다. 따라서 대북 제재는 개입 방식에서는 경제적 관여와 반대되는 입장에 있지만 제재 효과의 일부로서 경제개혁 가능성을 고려한다는 점에서는 다르지 않다.

이 지점에서 경제적 관여나 제재와 연계된 북한의 경제개혁이 국제사회에서 기대하는 것처럼 유의미한 경제체제전환의 촉매 역할을 할 것이라고 볼 수 있는가라는 질문이 제기될 수 있다. 이 물음에 답하기 위해 먼저 짚어봐야 할 것들 중 하나는 경제적 관여나 제재가 경제개혁 촉진으로 연결될 수 있는 가능성을 억제하는 북한 내부적 원인을 규명하는 일이다.[6] 경제적 관여나 제재 효과가 외부 세계가 예상한 만큼 나타

---

5 4차 핵실험 이후 국제사회의 전면적 대북 제재가 단행되었지만 중국의 지정학적·지경학적 대북 전략 때문에 북한의 핵 개발 정책 변화나 북한 내 정치적 불안정 증폭이라는 의도한 효과 달성이 쉽지 않을 것이라는 평가를 참고할 수 있다.
6 체제전환 이후 동·중부 유럽 지역의 '민주화 이행'에서 유럽연합이라는 외부 행위자가 행사한 조건부 가입이라는 교섭 수단이 주된 역할을 하긴 했지만, 해당 나라들 간의 차이를 초래한 더 중요한 변수는 그 나라들의 개별적 국내 사정이라는 점을 보여준 최근의 연구

나지 않는다는 것은 경제개혁을 '제약'하는 내적 요인들의 작용을 제대로 고려하지 못했기 때문이기도 하다.[7] 이런 맥락에서 김정은 정권의 경제개혁이 직면해 있는 북한 체제 내적인 제약 요인들을 검토하는 문제가 중요하다. 아래에서 보는 것처럼 기존 연구에서 대체로 행위자 중심적 관점에서 이 문제에 접근해온 점을 염두에 두고서 이 글에서는 논의 지평을 확장하기 위해 제도적 수준과 구조적 수준의 규정력을 중심으로 검토한다.

먼저 김정은 정권의 경제개혁과 연계되어 있는 경제적 관여와 제재 효과에 대한 상반된 평가들의 추론 방식을 살펴본다. 그다음에 경제개혁을 제약하는 제도적 수준과 구조적 수준의 요인들을 검토한다. 이를 통해 경제개혁과 경제적 관여와 제재의 기대효과 간 관계에 대한 이분법적 접근 방식을 재검토할 필요가 있다는 것을 논의한다. 그리고 이 작업이 대북 경제적 관여나 제재의 유효한 방안 마련과 관련해서 줄 수 있는 시사점을 짚어볼 것이다.

에서도 일국의 체제변동에서 국내적 요인의 선차적인 상대적 중요성을 재확인할 수 있다. Milada Anna Vachudova, "External Actors and Regime Change: How Post-Communism Transformed Comparative Politics," *East European Politics & Societies*, vol. 29 no. 2(2015) 참조.

7 김정은 정권의 경제개혁이 체제 내적 요인에 의해 '제약'된다는 것은 현재 추진 중인 경제개혁의 적용 대상과 범위 또는 시행조치 등이 지속적으로 확대되지 못하고, 위에서 언급한 '부분적 경제개혁'(각주 2 참조) 수준에도 못 미치거나, 그 수준 정도에서 장기간 정체 상태에 놓임으로써 경제개혁이 '체제전환'(각주 4 참조)을 촉진시킬 수 있는 추동력을 생성하지 못하는 것을 의미한다. 이 글에서 경제개혁의 '제약'이나 '제한성'은 이런 의미로 사용한다.

2. 김정은 정권의 경제개혁과 경제적 관여와 제재: 기존 논의의 제한성

김정은 정권이 경제개혁을 추진하는 이유는 여러 연구들에서 지적하고 있는 것처럼 불안정한 후계 세습 국면에서 국제사회의 경제·금융 제재, 핵 개발과 군수 부문 관련 과도한 재정 지출, 특수 단위들과 간부층의 약탈적인 특권적 이익 추구 등으로 인해 피폐해진 국내 경제 상황을 타개하려는 데에서 찾을 수 있다. 이런 경제개혁의 전망적 평가와 관련해서 상반된 두 가지 입장으로 나눠볼 수 있다.

하나는 김정은 정권의 경제개혁은 기존의 약탈적인 시장 수탈 방식 한계에 따른 경제 위기를 회피하기 위한 전술적인 차원의 정책 변화로 이를 확대 해석하는 것은 비현실적이라는 입장이다.[8] 김정은 정권이 실제로 경제개혁을 의도한다고 할지라도 농업개혁에서 시사되듯이 기득권 집단들 간의 이해 대립으로 무력화되기 쉽다는 점에 비춰 보더라도 이는 반시장적 지배체제의 유지 수단에 지나지 않는다고 본다.[9] 다른 하나는 이런 경제개혁이 국가부문의 시장 연계와 상업화를 촉진시키고, 사회 내 '시장 세력'이 강화될 수 있는 기회를 제공해줄 수 있다고 보는 입장이다.[10] 이

---

8 박형중, 「북한의 6·28방침은 새로운 개혁개방의 서막인가?」 통일연구원 Online Series CO 12~31(2012).

9 박형중, 「북한의 '새로운 경제관리체계'(6·28방침)의 내용과 실행 실태」, ≪KDI 북한경제리뷰≫, 2013년 10월호.

10 양문수, 「김정은 시대 경제관리 개선조치의 실태와 평가: 2012~2014년」, ≪북한연구학회보≫, 18권 2호(2014); 양문수, 「2015년 북한 시장화 동향과 향후 전망」, ≪KDI 북한경제리뷰≫, 2016년 1월호(2016).

입장에서는 김정은 정권의 경제개혁 추진이 좀 더 본격적인 경제개혁과 체제전환으로 이어질 가능성을 제한적으로 제시하기도 한다.[11]

전자의 소극적 평가 입장에서 추론해보면 외부의 경제적 관여는 김정은 정권에게 지대수취 기회를 제공할 뿐 경제개혁·개방을 촉진할 만한 여지가 거의 없다. 또 경제개혁은 비국가부문의 시장 활성화에 수반해서 늘어난 경제적 잉여를 국가부문으로 이전하기 위한 방편에 지나지 않기 때문에 제재를 강화하여 지대 수취 기회를 감소시키고 국내 경제 사정을 압박함으로써 실제로 체제전환의 촉매로 작용할 수도 있는 '비자발적' 경제개혁을 유도하는 게 더 효과적일 수 있다는 평가가 나올 수도 있다.[12] 이와 달리 후자의 적극적 평가 입장에서 경제적 관여는 '시장 세력'과 사적 이익을 공유하는 국가 관료들의 시장친화적 인식을 확산시키고, 주민들의 비공식적 시장 활동 기회를 확대함으로써 경제개혁·개방의 내생적 압력을 강화하는 작용을 할 수도 있다는 추론이 가능하다. 반면에 제재는 비국가부문의 재화나 서비스의 시장거래의 감소를 가져와 '개인사업자'나 '상인자본가'와 같은 '시장세력'의 성장 기회를 억제하기 때문에 경제개혁의 동력을 약화시킨다고 본다.[13]

---

11 임강택, 「북한 시장 활성화의 숨은 그림, 국영기업의 역할」, 《KDI 북한경제리뷰》, 2014년 6월호 참조.

12 김정은 정권의 경제개혁을 부정적으로 평가하는 입장과 이런 논지는 쉽게 결합될 수 있는 것이긴 하지만, 박형중(앞의 글들(2012; 2013))이 이런 논지를 제시하고 있지는 않다. 이와 달리 김정은 정권의 경제개혁에 대한 평가와 연결시키지는 않지만 남한 정부의 2010년 5·24조치의 사례를 들어 대북 제재의 이런 효과 산출 가능성을 주장하는 글로는 이석, 「5·24조치, 장성택의 처형 그리고 북한경제의 딜레마」, 《KDI Focus》, 2014.3.4. (https://www.kdi.re.kr) 참조.

여기서 김정은 정권의 경제개혁을 국제사회의 경제적 관여나 제재의 선택 문제와 연결시킬 때 이 두 입장은 북한의 국가나 '시장세력' 등의 사회집단들에 의한 경제적 이익의 의식적 추구와 그에 따른 경제개혁의 성과 산출 문제를 행위자 중심적 관점에서 접근한다고 볼 수 있다. 따라서 경제적 관여나 제재가 북한의 경제개혁이나 체제전환에 미칠 수 있는 영향을 전망적으로 평가하는 데 이 입장들은 적지 않은 한계가 있다. 왜냐하면 불확정적인 국내외적 요인의 촉발 작용을 제외하고 일국의 정치·경제체제의 유지나 변화에 영향을 미치는 중요한 요인은 집합적 행위자들과 체제의 구조적 규정력(제한적 범위 내의 행위 허용) 간의 상호작용이라고 할 수 있는데, 기존 연구들은 경제개혁과 관련해서 행위자들을 제약하는 구조적 규정력의 효과를 적실하게 고려하기가 쉽지 않기 때문이다. 또 구조적 규정력을 염두에 두는 경우에도 경제외적 규정력이 지배적일 수 있다는 점에 대한 고려가 미약하다. 예컨대 대북 제재 국면에서 나온 김정은 정권의 농업개혁('포전담당책임제')은 비농업부문과 선순환적 연결 고리로 작용해 경제개혁의 확대를 예비하는 개혁조치로 평가할 수 있는가? 아니면 군량미 징발에 의해 그 성과가 제약되고 있다는 점에서 알 수 있듯이 단지 영농 관련 물적 조건에 한정되지 않

---

13 이 점과 관련해서 김대중 정부의 조건부 식량지원 대북 제재가 북한 거시경제의 불안정성을 심화시켜 2009년 화폐개혁과 같은 '개혁 퇴행'을 초래했다는 논의에 대해서는 이정철, 「대북 제재와 북한의 개혁 퇴행, 인과관계의 검증 -시장 위축 vs. 시장 통제」, ≪북한연구학회보≫, 제16권 제1호(2012), 76~86쪽 참조. 북한의 4차 핵실험에 따른 대북 제재의 강화가 북한의 시장(장마당) 연계 경제활동의 위축을 가져올 것이라고 추정하는 간략한 논의에 대해서는 임강택, 「2016년 상반기 북한의 시장 및 국제사회의 대북 제재」, ≪KDI 북한경제리뷰≫, 2016년 7월호 참조.

는, 북한에 내재하는 정치군사적 요인에 의해 제약되는 '체제 내적' 경제 개혁으로 볼 수 있는가? 어떤 평가가 더 타당한지에 따라 경제적 관여나 제재의 상대적 유용성은 달라지고 또 양자의 특정한 결합에 기반한 경제적 개입 방식의 필요성이 제기될 수도 있다.[14]

아래에서는 기존 논의의 이런 제한성을 염두에 두고서 김정은 정권의 경제개혁에 작용하는 체제 내적 제약 요인들을 구조적 규정력을 중심으로 검토한다.[15] 일반적으로 '제도'와 '구조'를 동일하거나 유사한 사회적 실재로 간주해서 구분하지 않기도 하지만, 여기서는 '구조'를 한정된 공간적 맥락 안에서 중단기적으로 집합적 행위자들에 의해 변화되기 어려운 사회적 실재라는 의미로 사용한다. '제도'도 구조와 마찬가지로 행위에 제약을 부과하지만, 구조적 제약에 비해 집합적 행위자들의 대응이 제도적 제약에 영향을 미칠 수 있는 여지가 상대적으로 더 큰 사회적 실재라는 의미로 사용한다.[16] 따라서 집합적 행위자에 의한 의도적

---

14 북한의 핵 개발과 대북 제재의 강화 국면에서 경제적 관여의 유효성 논의를 제기하기는 쉽지 않다. 그렇지만 유관국들 간에 북한의 핵 동결 및 비확산 논의와 연계해서 대북 제재 국면에 변화가 생길 경우 북한의 경제개혁과 경제적 관여의 긍정적 연계 문제는 다시 제기될 수도 있다.

15 이 글에서 구조적 규정력에 대한 집합적 행위자들의 '변형적 적응 방식(행위자들이 구조적 규정력의 변형을 시도하면서 이에 적응해나가는 방식)' 문제를 검토하지 않는 이유는 현재 북한의 정치적·경제적 실태를 염두에 둘 때 집합적 행위자들의 범주 설정과 유형적 구분, 그리고 경제개혁에 대한 집합적 행위자들의 복합적인 관계 형성의 동학 분석과 같은 별도의 작업이 필요하다고 보기 때문이다.

16 제도의 정의나 제도와 구조 간의 관계 설정은 매우 다양하지만, 대체로 연구대상이나 연구목적에 따라 실용적으로 규정될 수 있다. Frank Moulaert et al., "Agency, structure, institutions, discourse(ASID) in urban and regional development," *International Journal of Urban Sciences*, Volume 20, Issue 2(2016), pp. 167~169; Arild

인 변형 가능성이 구조에 비해 상대적으로 더 열려 있다고 볼 수 있다. 이런 맥락에서 구조적 규정력을 '제도화된' 제약 요인과 '구조화된' 제약 요인으로 구분해서 볼 수 있다.[17]

이와 같이 제도화된 제약 요인과 구조화된 제약 요인을 구분함으로써 북한의 경제개혁과 관련된 체제 내적 제약이 다층위적으로 작용하고 있다는 것을 보여줄 수 있다. 이런 접근 방식이 경제개혁을 매개로 한 경제적 관여나 제재의 기대 효과를 예비적으로 평가하는 데 더 유용하다. 이런 목적의식적 구분에 입각해서 김정은 정권의 경제개혁을 제약하는 제도화된 요인으로 혁명자금 관리제도를, 그리고 구조화된 요인으로 전쟁경제와 군사적 동원체제 문제를 검토한다.

3. 경제개혁의 제도화된 제약 요인: 혁명자금 관리제도의 작동 방식

김정은 정권의 통치 규율은 '당의 유일적 영도체계 확립의 10대원칙'

Vatn, *Institutions and the Environment*(Cheltenham, U.K.: Edward Elgar, 2005), pp. 53~54 참조. 여기서 '구조'의 정의는 프랑크 물라르트 외(Frank Moulaert et al.), 앞의 글, 169쪽에서 빌려왔지만 제도의 정의와 제도와 구조의 차이는 이 글의 연구 목적에 맞춰 설정한 것이다.

17 '제도적' 또는 '구조적'이라는 기술보다 '제도화된' 또는 '구조화된'이라는 기술을 선택한 이유는 이 제약 요인들이 행위자집단들의 집합적 이해관계와 상호작용하는 과정에서 '변형될 가능성'(부분적으로 해체되거나, 또는 강화될 수도 있는 가능성을 포함하여)을 함축하기 위해서이다.

(이하 '유일영도체계'로 약칭)에 의해 정형화되고 있다고 볼 수 있다. 김정은이 선대 정권에게서 물려받은 비공식 제도인 '혁명자금' 관리 제도(이하 혁명자금제도)는 이런 담론적 설복이 구속력을 지닐 수 있게 해주는 제도적 장치이다.[18] 혁명자금제도는 후계 권력자로서 김정은이 특수 단위(특권적 권력기관)들에 대한 통제력을 확보할 수 있게 해주는 중요한 장치이기 때문이다. 그런데 이런 통제력의 확보는 혁명자금제도에 의해 김정은이 국가 외화 자금의 중앙집권적 관리 권한을 배타적으로 보장받을 수 있기 때문에 가능하다. 따라서 혁명자금제도는 국가 외화 자금 관리와 불가분의 관계에 있기 때문에 김정은 정권의 경제개혁에 영향을 미칠 수밖에 없다. 여기서는 이 점을 특수 단위들의 정치적 통제 장치로서 역할이나 외화 자금의 중앙집권적 재분배 장치로서 역할과 관련해서 혁명자금제도가 김정은 정권의 경제개혁을 어떤 식으로 제약하는지를 검토한다.

1) 국가적 자원 분배의 정치적 위계화와 경제개혁의 부차화

특수 단위들에 대한 정치적 통제 장치로서 혁명자금제도의 역할은 김정은이 특권적 외화벌이 사업 권한을 특수 단위들에게 '비준'해주는 방식으로 재량권 행사를 보장하는 데 있다. 김정은은 이런 재량권을 행

---

18 김정일 정권의 혁명자금제도에 관해서는 최봉대, 「북한의 지역경제협력 접근 방식의 특징: 신가산제적 사인독재정권의 '혁명자금 관리제도'와 대외경제협력의 제약」, ≪현대북한연구≫, 14권 1호(2011), 204~225쪽 참조.

사함으로써 이들 간의 상호 견제와 충성 경쟁을 유도할 수 있기 때문이다. 따라서 국가적으로 동원할 수 있는 가용 자원이 한정되어 있는 조건에서 외화 자금 확보원이 되는 '원천' 자원 수출 권한은 인민경제부문을 책임지고 있는 내각보다는 특수 단위들에게 우선적으로 분배되었다.[19]

이 점을 먼저 김정일 정권의 2002년 '7·1 경제관리 개선조치'에서 살펴볼 수 있다. 김정일의 지시로 내부적 준비 작업을 맡은 '6·3 그루빠'는 내각 주도하에 경제를 활성화하기 위해서는 특수 단위들의 방만한 외화벌이 등 이권 사업의 축소가 중요한 선결 과제라는 보고서를 제출했다. 이에 대해 김정일은 북한이 '사회주의를 고수하고 안전하게 생활할 수 있는 것은 이들 덕분'이라고 강조하면서 이 제의를 기각했다.[20] 이는 김정일 정권이 추진했던 경제개혁이 군대를 비롯한 사법보안·정보기관 등에 대한 재정적 우선 지원과 경제적 특권 보장에 따른 인민 경제 부문의 희생이라는 '경제적으로 불합리한' 요인에 의해 제약된 점을 잘 보여준다.

김정일 정권 시기에 대내적 정권안보의 선차적 중요성 때문에 그런 것처럼 김정은 정권에서도 세습후계체제의 권력 기반 공고화라는 최우선적 과업을 위해 특수 단위들의 운영 자금을 우선적으로 보장할 수밖에 없다. 따라서 내각이 필요로 하는 경제개혁의 초기 지원 자금 보장 문제는 후순위로 밀리게 된다.[21] 김정은 정권이 특수 단위 외화벌이 무

19 최봉대, 앞의 글(2016), 80~91쪽 참조.
20 한기범, 「북한 정책결정과정의 조직행태와 관료정치: 경제개혁 확대 및 후퇴를 중심으로(2000-09)」(경남대학교 박사학위논문, 2009), 271쪽 참조.

역회사들 일부를 내각으로 이관하는 작업을 추진했지만, 실제 성과는 크지 않은 데에서도 이를 알 수 있다.[22]

그런데 세습후계체제가 단기간에 정치적으로 안착되기는 했지만, 유일영도체계 정식화에서 드러나듯이 사인독재체제를 확립하기 위해 앞으로도 상당 기간 동안 김정은 정권은 정책 결정 과정에서 '경제적 합리성'보다 '정치적 합리성'을 추구할 가능성이 크다. 중장기적으로 이런 목표가 실현될지는 알 수 없지만, 이 점에서 혁명자금제도는 경제개혁을 제약하는 요인으로 작용한다. 그런데 국내 원천을 동원한 한정된 외화벌이에만 의존하지 않고, 부족한 국가 외화 자금을 다른 방식으로 조달할 수 있는 경우 김정은은 재량권을 가지고 특수 단위들과 내각에 대한 외화벌이 원천 분배를 조정할 가능성도 있다.[23] 다른 외화벌이 수입원을 확보하지 못한 상태에서 국내 원천 동원 외화벌이의 액상 규모가 축소되는 경우에도 그런 재조정 가능성이 있다. 이는 혁명자금제도에 의한 경제개혁의 제한 효과가 강화되거나 약화될 가능성이 있다는 것을 뜻한다. 이런 맥락에서 혁명자금제도는 경제개혁의 제도화된 제약 요

---

21 경제개혁의 초기 지원 자금 조달이 중요한 이유는 생산 역량이 열악한 몇몇 지방 산업 공장들의 사례에서 알 수 있는데, 이는 특히 대다수 3급 이하 기업소에 해당된다. "김정은, 왜 관광지 개발에 힘쓰나?" 자유아시아방송, 2013년 8월 26일 자(www.rfa.org); "북, '독자경영체제' 낙관과 비관 혼재," 자유아시아방송, 2014년 9월 2일 자 참조.

22 최봉대, 앞의 글(2016), 91~94쪽 참조.

23 실례로 러시아 기업들이 북한철도 현대화 사업을 수행하고, 북한 측은 석탄 등 광물자원을 지불하는 방식과 같은 경협 형태의 '신무역' 추진은 북한 입장에서 외자 유치 효과를 산출할 수 있다. "러시아 북한 철도 현대화 협조에 북한 광물 자원 제공," 러시아의 소리, 2014년 10월 22일 자(http://korean.ruvr.ru) 참조. 또 북한이 핵 동결의 대가로 국제금융 지원 등을 받는 방식으로 외자 유치 효과를 얻는 경우도 고려할 수 있다.

인이라고 할 수 있고, 이 제약 요인은 경제적 관여나 제재에 의해 어느 정도 영향을 받을 수 있다는 점을 알 수 있다.

2) 외화재정의 중앙집권적 통제와 경제개혁의 제약

혁명자금제도가 정치적 통제장치로 효과적으로 작동하기 위해서는 군수부문(제2경제), 특수 단위들, 내각의 외화 재정 자금이 후계자 직속의 '서기실' 같은 기구를 통해 후계자에 의해 중앙집권적으로 통제될 수 있어야 한다. 후계자에 의한 외화 자금 분배의 재량권 행사는 외화 수입 원천의 배정이나 외화 수입 재분배에 대한 배타적인 접근에 의해 보장될 수 있기 때문이다. 이는 후계자 중심의 유일영도체계를 유지하기 위한 물적 조건이기도 하다. 2013년 말의 장성택계 숙청 사건은 경제개혁의 제도화된 제약 요인으로서 혁명자금제도의 특성이 국가 외화 자금의 분배 우선순위 문제만이 아니라 후계자의 독점적 통제력 확보와도 관계가 있다는 점을 보여준다.

장성택의 처형 판결문에는 그가 수하들을 비호하여 특권적 외화벌이를 통해 번 외화 수입의 상당 부분을 빼돌려 국가권력을 장악하기 위해 필요한 '자금'을 확보하려 한 반역죄를 범하고, 김정은의 '유일적 영도'를 거부한 반당반혁명 종파분자라라고 적시되어 있다.[24] 따라서 장성택

---

24 장성택의 최측근으로 당 행정부 부부장 겸 54부 부장이었던 장수길은 외국 회사들과 합작 형태로 그가 사실상 운영하다시피 한 대동강타일공장과 승리윤활유공장에서 뛰어난 국내 외화벌이 실적을 올린 것으로 알려졌다. "장수길을 둘러싼 당 행정부와 군부의 대

계 숙청의 의미는 김정은의 통제를 벗어나는, 외화 자금 축장에 기반한 경제적 권력의 근거지가 상급 간부층 일부에서 분산적으로 형성되고 있다는 것과, 이런 '종파'적 물적 토대는 김정은 후계체제에 위협적이라는 점에서 유일영도체계의 부정이 되고, 가혹한 대가를 치르게 된다는 것을 간부층에게 강력하게 경고한 데 있다.

이는 혁명자금제도에 기반하는 유일영도체계에 의해 부과되는 상급 간부층의 외화 자금 축장에 대한 폭력적 통제로서 국가부문의 외화 자금 운용과 관련된 분권화 경향의 발전 가능성을 김정은 정권이 허용하기가 쉽지 않다는 것을 뜻한다.[25] 장성택계 숙청을 계기로 특수 단위들 외화벌이의 월권적 확대가 제지되면서, 혁명자금제도에 의한 국가 외화 자금 처분의 중앙집권적 구속력도 복원되고 있다고 볼 수 있다. 실제로 김정은은 그 이전부터 혁명자금제도의 강력한 구속력을 유지하는 데 적극적이었

립 전말 공개," ≪뉴포커스≫, 2013년 12월 22일 자 기사(www.newfocus.co.kr); "개명 '장성택 연루 공장' 정상 가동될까?" 자유아시아방송, 2014년 8월 6일 자 참조. 그런데 장성택의 처형 판결문에는 '놈은 부서와 산하 단위의 기구를 대대적으로 늘이면서 나라의 전반 사업을 걷어쥐고… 제놈이 있던 부서를 그 누구도 다치지 못하는 '소왕국'으로 만들어놓았(고)… 무엄하게도 대동강타일공장에 위대한 대원수님들의 모자이크 영상 작품과 현지지도 사적비를 모시는 사업을 가로막았(다)'고 적시되어 있다. 사실이 어느 정도 왜곡되어 있는지는 알 수 없지만 김부자 '모시기 사업'이 제대로 집행되지 않았을 정도였다는 비판에서 이 공장의 외화벌이사업이 외부의 검열·통제에서 벗어나 전개되었다는 것을 엿볼 수 있다. 장수길의 국가자금 횡령을 보여주는 한 사례 보도로 "장성택 숙청의 진실 [3]," ≪뉴포커스≫, 2015년 9월 15일 자 기사 참조.

25 여기서 '분권화'는 외화벌이 사업의 전개와 외화 수입 처분에서 후계 권력자에 의한 중앙집권적 통제가 약화되고 사업 단위들의 분권화된 실천이 우세해지는 경향을 지칭하는 의미로 사용한다. 따라서 아래에서 보게 될 인민경제부문의 '경제적 분권화'보다는 그 의미가 제한적이라고 할 수 있다.

다. 경제적 분권화의 물적 기반 조성에 작용할 수 있는 개인 재산이나 외화 자금을 통제하려는 일련의 사법적 조치들에서 이를 알 수 있다.

김정일이 그랬던 것처럼 김정은은 2010년 말의 오극렬계와 장성택계 외화벌이 핵심 간부들의 검열과 관련해서 "조국이 어려울 때 돈을 축재한 자들은 유사시 다른 꿈을 꾸는 자들로 인정하라"고 비판하면서 이들을 처벌했다.[26] 2012년 말에도 김정은의 지시로 중앙검찰소 주도로 외화유통검열대가 조직되어 도급 외화벌이 기관과 무역 기관의 불법 외화 자금 회수에 나섰다.[27] 장성택계가 숙청된 2013년부터는 '선군혁명자금' 등의 명목으로 '충성의 외화벌이' 헌납 운동이 전개되면서 무역회사들의 간부 숙청과 외화벌이에 투자된 개인 자금과 재산의 몰수 등이 진행되었다.[28] 2016년 6월에는 검찰과 인민보안부가 합동 경제감찰을 조직하여 외화벌이 기관·기업소 간부들의 국가 자금 횡령을 조사하기도 했다.[29] 합동 경제감찰의 결과로 외화벌이 사업에 개인들이 투자한 자금, 설비, 운송 수단 등의 상당 부분은 압류되어 국가에 귀속되었다.[30] 일련의 사법적 통제에서 드러나는 김정은 정권의 외화 자금 처분의 분

---

26 "오극렬·장성택 라인 숙청바람 불고 있다", 북한전략센터, 2011년 1월 10일 자(www.nksc.co.kr).

27 "북, 외환검열 시작 '외화몰수'까지 예상돼", 자유아시아방송, 2012년 11월 9일 자.

28 "김정은 당중앙 명의로 충성의 외화벌이 지시문 하달", NK지식인연대, 2015년 7월 18일 자(www.nkis.kr).

29 합동 경제감찰은 외화벌이 단위들에 한정된 것은 아니지만, 기관·기업소에 적을 걸어 놓고서 영세한 내화(內貨)시장에 참가하는 자영업자들의 개인 사업은 검찰이나 인민보안부의 재정검열에서 큰 의미를 갖기 어렵다.

30 "북, 국가명의 빌린 사기업 재산도 일부 압류", 자유아시아방송, 2016년 5월 26일 자; "북 보위부, 주민 강탈행위 극성", 자유아시아방송, 2016년 6월 13일 자.

권화 억제 조치는 경제개혁을 제약한다. 왜냐하면 김정은 정권은 '사회주의 기업 책임관리제'를 내세워 기관·기업소 등 생산 단위가 자체적으로 외화 계좌를 보유하고, 무역할 수 있는 권한을 부여했는데, 이 개혁 조치에 따라 개인 외화 자금을 투자받아 외화벌이에 나서는 기관·기업소가 개인 투자자의 수익 보장과 자체 수입의 증가를 꾀하는 과정에서 국가의 중앙집권적 통제를 벗어난 외화 처분의 분권화 경향의 확대가 수반되기 때문이다.

그런데 김정은 정권이 사법보안 기관들을 동원하여 일반 기관·기업소의 외화벌이 사업과 그에 연루된 '개인사업자'의 분산적인 외화 축적을 통제하는 방식으로만 경제개혁을 제약하는 것은 아니다. 특수 단위들의 외화벌이에 연계된 최상급 간부들의 은폐된 외화 축장과 축적을 차단하기 위해 김정일과 마찬가지로 김정은도 한 특수 단위가 다른 특수 단위의 외화벌이 비리를 검열하도록 하는 식으로(일종의 '교방검열') 특수 단위들의 외화벌이를 통제하려고 한다.[31] 외화벌이와 관련된 최상급 간부들의 부패도 국가 외화 자금의 중앙집권적 통제를 위협하기 때문이다. 실제로 북한의 최상급 간부들 중 일부가 비밀리에 중국 은행들에 계좌를 갖고 있는 점[32]이나 해외 주재 일부 외화벌이 계통 실무자들

---

[31] 이와 관련해서 김정은이 보위부 외화벌이 실태를 파악하기 위해 인민보안부에게 보위부 유관 간부들의 검열을 한시적으로 허용했다는 비공식 보도("김정은, 김원홍의 권력 집중을 막으려 국가안전보위부를 토사구팽?", NK지식인연대, 2016년 6월 29일 자)와 김정은이 장성택계를 숙청하기 위해 당 조직지도부 주도로 장성택의 당 행정부에 대한 특별조사 지시를 내렸다는 비공식 보도("장성택 숙청의 진실 [3]", ≪뉴포커스≫, 2015년 9월 15일 자)를 참조할 수 있다.

이 평양의 아파트 건설과 같이 수익성이 있는 국가부문 사업에 비공식적으로 투자한다는 점[33]에서 이를 엿볼 수 있다. 전자가 혁명자금제도에 기반을 둔 특수 단위들의 외화벌이 지대 수취 기제에 본유적인 '자산축장형 간부 부패'라면, 후자는 전자보다 진전된 '사적 축적형 간부 부패'에 해당한다. 두 유형의 간부 부패 모두 외화 자금에 연계된 분산적인 경제적 권력의 근거지 형성을 예비한다는 점에서 김정은 정권의 혁명자금제도와 유일영도체계에 대한 잠재적 위협 요인이 된다. 따라서특수 단위들의 외화벌이를 통제함으로써 후계체제 공고화를 저해하는이런 위협 요인을 제거하려는 것은 혁명자금제도에 의해 경제개혁이 제약된다는 것을 뜻한다. 왜냐하면 '자산 축장형 부패'는 '사적 축적형 간부 부패'로의 전화 가능성을 내장하고 있고, 외국자본의 국내 투자로 위장된 '사적 축적형 간부 부패'는 국가부문 기관·기업소의 시장지향적 수익 활동을 촉진시키고, 경제개혁을 진척시키는 추동력으로 발전할 수도있기 때문이다.[34]

---

32 중국 선양 주재 미국 총영사 보고서, "SUBJECT: TRYING TO TAME THE INFLATIONARY BEAST", 2010년 1월 14일 자(http://wikileaks.org/cable/2010/01/10SHENYANG8.html); "북 관료들, 중 은행계좌 개설 급증", 자유아시아방송, 2011년 8월 25일 자; "美, 7년간 '스모킹 드래건' 작전 스파이 심어 증거 서류 확보", 중앙일보 북한네트, 2013년 6월 2일 자(http://nk.joins.com) 참조. 물론 여기에는 대북 금융제재를 피하기 위해 해외 무역주재원들이 현지 은행에 개인 계좌를 조직적으로 개설한 경우도 포함되어 있다고 봐야 할 것이다.

33 "북, 유능한 외화벌이 일꾼에 '인센티브'", 자유아시아방송, 2016년 5월 18일 자.

34 국가 주도하에 경제개혁을 추진해온 중국 등지에서 이미 고전적 수법이 된 국가 관료들의 '국가재산 해외로 빼돌리기'와 국적 '세탁'을 통한 국내 기업에의 위장투자를 통한 은폐된 사적 자본축적 방식에 대해 북한의 상급 간부층, 특히 외화벌이 계통 상급 간부들은잘 알고 있다고 볼 수 있을 것 같다. 북한과 이집트의 오라스콤 사이에 이동통신망 사업

이와 같이 유일영도체계와 결부된 혁명자금제도는 혁명자금 조성에 관계된 기관·기업소의 분권적 이익 추구나 간부 부패에 의한 외화 자금의 중앙집권적 통제의 부분적 침식과 같은 집합적 행위자들의 '목적의식적' 행위를 억제하는 방식으로 경제개혁을 제약하고 있다. 그렇지만 혁명자금제도의 물적 토대가 되는 외화 자금의 조성은 이들에 의한 분권화된 외화벌이 시장의 확대에 주로 의존한다.[35] 따라서 중앙집권적인 혁명자금제도의 작동은 경제개혁에 대한 제약을 부과하지만, 그 토대가 되는 외화 자금 확보 과정에서 이들의 '목적의식적' 행위에 의해 경제개혁에 대한 제약이 완화될 수 있다. 이 점에서 혁명자금제도는 경제개혁의 구조화된 제약 요인이라기보다는 제도화된 제약 요인에 해당한다. 이렇게 볼 때 위에서 본 외화벌이 사업과 관련된 일련의 사법적 통제 조치는 혁명자금제도에 내재해 있는 이런 긴장 관계의 표출에 다름 아니다. 이런 맥락에서 혁명자금제도의 경제개혁 제약 효과는 위계적인 정치적 지배질서 내의 시장적 관계 수용이라는, 국내 정치경제적으로 모순되는 두 가지 요구가 타협적으로 반영된 불안정한 절충 상태에 의존하고

의 추가 투자를 놓고 입장이 엇갈렸을 때 평양에 체류하는 외국인 사업가들 사이에 김정일의 혁명자금이 오라스콤의 투자금으로 위장되어 북한에 유입됐다는 '소문'이 돌았던 데에서 이런 가능성을 엿볼 수 있다. 김연호, 「북한의 휴대전화 이용 실태: 북한의 통신 혁명은 시작됐는가?」 존스홉킨스 국제대학원(SAIS) 한미연구소/미국의 소리 (VOA) 보고서(2014), 45쪽 참조.

35 최봉대, 「북한의 국가역량과 시장 활성화의 체제이행론적 의미」, ≪통일문제연구≫, 제26권 1호(2014) 참조. 최근에 평양 등 대도시들에서 특수 단위 외화벌이 회사들이 '힘없는' 내각 산하 사업소나 '상인자본가'들에게 무역와크를 '할인 판매'하는 와크시장이 활성화되고 있다는 보도에서도 이를 확인할 수 있다. "북, 무역와크 불법시장 활성화", 자유아시아방송, 2016년 6월 20일 자 참조.

있는 셈이다. 따라서 혁명자금제도에 의한 경제개혁의 제한성은 외부의
경제적 관여나 제재에 따라 어느 정도 영향을 받을 수밖에 없다.

4. 경제개혁의 구조화된 제약 요인: 전쟁경제와 군사적 동원체제

일찍이 랑게(O. Lange)는 '사회주의 공업화와 국방의 정치적 요건으
로 최초 사회주의 나라들, 특히 소련에서 필요했던 급속한 공업화는…
중앙집권화된 자원의 처분을 필요로 하는… 본질적으로 특수한 전쟁경
제'라고 규정했다.[36] 전형적인 사례에 해당하는 소련의 경우만 하더라
도 중공업 발전에 역점을 둔 경제정책의 최우선 목표는 제국주의에 포
위된 소련의 군사적 체제안보를 담보하기 위한 군사력 증강에 있었다.
따라서 사회주의체제에서 전쟁경제는 계획화와 자원 분배에서 무기 생
산과 군수공업 발전을 최우선적으로 고려하고, 기술적·경제적 자립을
강화하고, 전시 민수·군수 병행 생산체계를 보장하기 위한 '민수부문'
(비군사적 경제부문)의 인적·물적 자원의 군사적 동원체제 구축에 역점
을 두는 중앙집권적인 경제관리체계라고 할 수 있다.[37] 그리고 이런 경

---

[36] Oscar Lange, *The Political Economy of Socialism*(Warsaw: State Publishing House, 1957),
   pp. 15~16: Nigel Harris and David Lockwood, "The war-making state and privatisa-
   tion," *The Journal of Development Studies*, Vol. 33, Iss. 5(1997), pp. 608~609 재인용.

[37] Vladimir Kontorovich, "Where Did the Sputnik Come From? Western Study of the
   Soviet Economy and the National Interest,"(http://ssrn.com/abstract=1193542, 2008);
   Vladimir Kontorovich and Alexander Wein, "What did the Soviet Rulers Maximise?"

제관리체계의 효율적 작동을 보장하려고 한다는 점에서 사회주의국가
는 '전쟁 준비 국가'라고 볼 수 있다.[38]

이런 방식으로 작동하는 사회주의 전쟁경제와 '전쟁 준비 국가'는 시
장지향적 경제개혁의 제한성을 배태하고 있다. 이는 두 가지 점에서 나
타난다. 한 가지는 자원 분배의 과도한 불균형으로 인해 민수부문의 경
제개혁을 추진할 수 있는 물적 기반이 취약하다는 점이다. 사회주의체
제에서는 '전쟁경제 유지'로 인해 민수부문의 발전은 크게 제약된다. 민
수부문에서 '군사경제부문'으로 자원, 인력, 경제적 잉여의 항상적인 유
출 상태가 강제적으로 조성되기 때문이다.[39] 따라서 민수부문의 경제

Europe-Asia Studies, Volume 61, Number 9(2009), pp. 1589~1594; Julian Cooper, "From USSR to Russia: The Fate of the Military Economy," Paul Hare and Gerard Turley(eds.), *Handbook of the economics and political economy of transition*(London : Routledge, 2013), p. 98 참조.

[38] 서구의 근대적 국민국가 발전을 '전쟁 준비-국가 형성' 간의 상호보강적-제약적 관계 속에서 규명하고자 한 틸리(C. Tilly)에 의해 제시된 '전쟁 준비 국가'의 원형적 가설은 전쟁 준비가 일국 내의 정치경제적 관계나 지역적인 국제관계에 미치는 영향을 검토하려는 다방면의 연구들을 촉진했다. Charles Tilly, "War Making and State making as Organized Crime," P. B. Evans et al.(eds.), *Bring the State Back In*(Cambridge University Press, 1985) 참조. 사회주의국가의 군사경제와 체제변동의 관계를 검토하는 연구들도 이런 경향과 무관하지 않다. 한 예로 나이절 해리스와 데이비드 록우드(Nigel Harris and David Lockwood)의 앞의 글 참조.

[39] 여기서 '군사경제부문'은 군수공업, 군대조직 관련 경제활동, 유관 국가기관들의 경제사업 등을 포함하는 의미로 사용한다. 전쟁경제를 유지하는 국가부문 내에서 원칙적으로 시장 기제를 배제한 채 강제적·비상업적 토대 위에서 생산물의 교환관계가 이루어지기 때문에 군사경제부문이 무기 수출이나 국내 민수용 생산품 판매 등 다른 수입원을 통해 자체적인 재생산 기반을 충분히 확보하지 못하는 경우 산업부문들 간 자원의 불균등한 분배 상태는 더 악화될 수밖에 없다. Vitaly V. Shlykov, "The Crisis in the Russian Economy," (http://www.strategicstudiesinstitute.army.mil, 1997), pp. 16~17; Vitaly V. Shlykov, "The Economics of Defense in Russia and the Legacy of Structural

위기를 탈피하기 위해 경제개혁을 시도하는 경우에도 이를 뒷받침할 가용자원 동원의 구조화된 제약으로 인해 그 성과를 기대하기가 쉽지 않다.[40] 다른 한 가지는 민수부문 인적·물적 자원의 중앙집권적인 군사적 동원체제는 경제개혁의 확대를 촉진할 수 있는 경제적 분권화 경향과 양립하기 어렵다는 점이다.[41] '전쟁 준비 국가'는 민수부문의 동원을 경제적 효율성의 관점보다는 정치군사적 효율성을 보장할 수 있는 방식으로 조직하려고 하기 때문이다.

김정은 정권의 경제개혁에도 '전쟁경제 유지'에 따른 이 두 가지 제약이 작용한다고 볼 수 있다. 먼저 전자의 문제를 살펴본 다음에 후자의 문제를 검토한다. 인민경제부문의 군사적 동원체제의 작동은 '전쟁경제 유지'를 위한 기본틀에 의해 규정되기 때문이다.

Militarization," *The Russian Military: Power and Policy*, Steven E. Miller and Dmitri Trenin(eds.)(Cambridge : MIT Press, 2004), pp. 157~159; Julian Cooper, 앞의 글, pp. 99~101 참조.

40 실리코프(Shlykov)는 소련의 군수공업은 국방비를 삭감해서 민수부문에 전용하더라도 그에 상응해서 민수부문의 효율성이 증가되지 못할 정도로 경제 전체를 왜곡시키고, 궁극적으로 소련을 붕괴시킨 주된 원인으로 작용할 정도로 경제에 괴멸적 영향을 끼쳤다는 점에서 소련의 '구조적 군사화'를 지적한다. Vitaly V. Shlykov, 앞의 글(1997; 2004) 참조.

41 여기서 '경제적 분권화'는 최고권력자나 중앙의 특권적 권력기관이나 성급 기관들이 독점해온 인민경제부문 관리 권한을 지방정부나 기업들에게 분산 위임하는 정책의 추진을 의미한다. 그렇지만 경제개혁의 진척에 따른 경제적 분권화의 불가역성을 상정하는 것은 아니고 또 중앙 국가 행위자들에 의한 재중앙집권화 가능성을 배제하지도 않는다.

1) '전쟁경제 유지'와 경제개혁의 물적 토대 제약

북한의 '전쟁 준비 국가' 특성은 '전쟁이 발발할 경우 평시체제를 그대로 전시에 적용하는 전시형 국가관리 체제(의) 유지'에 있다고 압축적으로 지적할 수 있다.[42] 북한의 '전쟁경제 유지'의 기본틀은 군수공업부문이 인민경제부문이나 특수 단위 부문경제들과 거의 직접적인 연계를 갖지 않고 혁명자금제도를 통한 우선적인 외화 자금 보장과 군의 무기 수요 조달이나 무기 및 군사기술 해외 판매 등을 기반으로 해서 특권화된 독자적 경제관리체계를 유지한 채 운영되는 방식에서 찾을 수 있다.[43] 김정일 정권에서 '전쟁 준비 국가'의 정책 노선은 1990년대 말에 '국방공업의 선차적 강화발전론'으로 공식화되었다. 흔히 알려진 것과는 달리 '7·1 경제관리 개선조치'의 주목적은 이 정책 노선을 뒷받침하기 위한 것이라는 북한 내부의 반공식적 해석에서 인민경제의 활성화가 '전쟁경제 유지'라는 선차적인 국가적 목표에 복속되는 수단적 조치였음을 알 수 있다.[44]

김정은 정권의 '전쟁경제 유지' 방식도 기본틀에서 김정일 정권과 다

---

42 "[황장엽-김덕홍 진술내용①] 김정일 「통일조국 대통령」 꿈", 《동아일보》, 1997년 7월 10일 자 (http://news.donga.com) 참조.

43 성채기 외, 『북한 경제 위기 10년과 군비증강 능력』(서울 : 한국국방연구원, 2003), 38~53쪽; 최봉대, 앞의 글(2011), 213~218쪽 참조.

44 최봉대, 앞의 글(2011), 198~203쪽; 김지형, "선군노선 아니었으면 오늘의 현실은 없었을 것", 《민족21》, 8월호(2004), 99쪽 참조. 그리고 임수호 외, 『북한 경제개혁의 재평가와 전망: 선군경제노선과의 연관성을 중심으로』(서울 : 대외 경제정책연구원, 2015), 2장도 참조할 수 있다. 1990년대 10년 동안 경제 위기로 인한 인민경제부문의 규모 축소 비율이 군사경제부문과 혁명자금 경제부문에 비해 훨씬 더 컸다는 추정에서도 이 점을 엿볼 수 있다. 성채기 외, 앞의 글, 28~31쪽 참조.

르지 않다. 2014년 신년사에서 밝힌 것처럼 김정은은 '경량화, 무인화, 지능화, 정밀화된 우리식의 현대적 무장장비들을 더 많이 만들어' 국방 공업을 강화하는 데 역점을 두고 있다. 핵무기 보유의 법적 근거까지 마련한 김정은 정권의 경제 발전·핵 무력 병진노선도 인민경제부문의 희생 위에서 핵무기 고도화를 위한 재정적 투자의 증가 방식으로 추진되고 있다고 평가된다.[45] 따라서 김정은 정권의 경제개혁도 동일한 맥락 속에서 제약되고 있다고 볼 수 있다. 2016년 1월의 4차 핵실험 이후 단행된 국제사회의 대북 제재에 대응하기 위해 최고사령관 명령으로 시달된 전쟁예비물자의 '최우선적 보장' 조치는 국가적 자원 분배의 불균형을 수반하는 '전쟁경제 유지'가 경제개혁에 미치는 제약을 보여주는 한 실례이다. 이 명령에 따라 비군사부문인 내각 산하 생산단위들도 식량과 원유 등 전쟁예비물자의 '생산 보장과 비축을 평화 시기의 전쟁으로 인식하고' 최우선적 과업으로 추진해야만 했다.[46] 대북 제재에 따라 국

---

45 구체적인 논거를 제시하기가 쉽지 않은 문제이지만, 이와 관련된 개략적인 논의로 성채기, 「북한의 '경제-핵 병진노선' 평가: 의도와 지속가능성」, 한국국방연구원(2013: http://www.kida.re.kr); 홍민, 「김정은 정권 핵무기 고도화의 정치경제」, Online Series, CO 15-25(통일연구원, 2015, http://repo.kinu.or.kr) 참조.

46 "유엔 대북 제재에 대응한 전쟁예비물자 비축 지시", NK지식인연대, 2016년 7월 1일자. 참조. 2009년 초에 국방위원회의 함경북도 '53호 검열'에서 전시물자 생산정형 계획에 미달했다는 이유로 도 지방총국 책임간부가 해임 철직된 사례에서 인민경제부문에 대한 '전쟁경제 유지'의 규정력을 짐작할 수 있다. "2월 초순 군수물자 관련 총화에서 간부들 대거 숙청", 성통만사, 2009년 2월 19일(http://pscore.org) 참조. 김정은 정권에서도 대체로 동일하게 적용될 것으로 보이지만, 김정일 정권에서 인민경제부문에서 군수생산계획'을 제대로 수행하지 못할 경우 유관 책임간부들은 군사재판에 회부되어 처벌을 받게 되어 있다. 임강택, 『북한의 군수산업 정책이 경제에 미치는 효과 분석』(서울: 통일연구원, 2000), 66~72쪽 참조.

가적으로 가용할 수 있는 경제적 자원이 감소하는 가운데 전시경제에 준해서 물적 자원 분배의 최우선순위를 전쟁 준비에 동원하도록 한 이 명령으로 인해 그렇지 않아도 생산 투입자원 확보에 어려움을 겪고 있는 인민경제부문에서 경제개혁의 물적 기반은 더 취약해진다고 볼 수 있다.[47] 따라서 '전쟁경제 유지'와 경제개혁 추진 간에 긴장 관계가 조성될 수밖에 없다. 이런 상황에서 김정은 정권은 '전쟁 경제 유지'와 관련된 국가적 가용자원의 최우선적 분배와 투입 원칙을 강력한 군사적 규율의 부과에 의해 보장하려고 한다.

이는 2004년에 개정된 북한 형법에서 '국방관리질서를 침해한 범죄'를 신설하고, 그 하위 조항으로 '국방위원회의 명령, 결정, 지시 집행태만죄'와 '전시생산준비를 하지 않은 죄'를 신설한 데에서 잘 드러난다.[48] 이 신설 조항에서 알 수 있듯이 '전쟁경제 유지'에서 기인하는 경제개혁의 제약 효과에 집합적 행위자들이 영향을 미칠 수 있는 가능성이 혁명자금제도의 경우에 비해 훨씬 낮다는 점에서 '전쟁경제 유지'는 구조화된 제약 요인이라고 볼 수 있다.[49] 이 점을 인민경제부문의 군사적 동원

---

47 김정일 정권에서 국방위원회(2016년에 폐지)에 의한 전반적인 국가경제사업의 관리가 이루어진 점이나, 내각의 중앙 성기관 역량으로는 가동을 보장하기 어려운 인민경제부문의 군수 관련 공장·기업소 일부가 인민무력부나 제2경제로 이관된 '군수화' 조치는 북한의 전쟁경제 운용의 '급진적' 특성을 노정한 것으로 볼 수 있다. 국방위원회의 사업 범위와 권한에 대해서는 정남순, 「북한 선군정치의 변화 과정에 관한 연구」, 경남대학교 대학원 박사학위논문(2015), 4장 참조. '군수화' 실태와 관련해서는 김병욱, 「선군경제 운영과 민수산업 군수화」, ≪KDI 북한경제리뷰≫, 2011년 6월 참조.

48 윤대규, 「2004년 북한 개정형법의 내용과 의미에 관한 연구」, ≪형사법연구≫, 제24호(2005), 376~377쪽 참조.

49 이는 혁명자금제도의 운용에서 외화벌이 사업의 분권화 경향을 억제하기 위해 중앙에

체제 문제에서 좀 더 구체적으로 살펴볼 수 있다.

2) 군사적 동원체제와 경제적 분권화 경향의 억제

북한의 전쟁경제가 재정적으로 혁명자금제도와 연계된 독자적인 재생산체계에 의해 어느 정도 유지될 수 있겠지만,[50] 전쟁 예비물자의 보장 명령에서 보듯이 전쟁경제의 유지는 인민경제부문의 인적·물적 자원의 군사적 동원체제 구축도 필요로 한다. 더구나 전쟁은 인적 역량과 물적 자원의 집약적 수용을 위해 가장 강력한 동원을 필요로 하는 과업이다.[51] 따라서 '전쟁 준비 국가'로서 북한은 당연히 이 과업을 사회에 대한 반시장적이거나 비시장적인 중앙집권적 통제에 의해 보장하려고 한다.[52] 그렇지만 앞에서 본 것처럼 혁명자금제도에서는 외화벌이 자원

서 조직한 합동 검열 그루빠가 '비사회주의 현상'을 처벌하는 사법적 통제 양식과 비교될 수 있다.

50 그렇다고 해서 군수부문 공장·기업소가 전체적으로 온전히 가동되고 있는 것은 아니다. 한 연구에서는 2010년 전후 시기 군수공장 가동률을 30% 정도로 추정하고 있다. 탁성한, 「북한의 군수산업 : 북한 경제에의 영향과 향후 전망」, ≪수은북한경제≫, 2012년 여름호 참조. 군수부문에서도 전략적 중요성이 상대적으로 떨어지거나, 고도의 기밀 유지가 요구되지 않거나, 또는 피복이나 부식물 생산 등을 담당하는 후방총국에 소속된 공장들은 자체 재생산을 위한 시장 의존도가 상당히 높을 것으로 추정된다. 이와 관련된 몇몇 공장의 사례로 최봉대, 앞의 글(2014), 178~179쪽 참조.

51 Eiko Ikegami, "Military Mobilization and the Transformation of Property Relationships: Wars That Defined the Japanese Style of Capitalism," Diane E. Davis and Anthony W. Pereira(eds.), *Irregular Armed Forces and Their Role in Politics and State Formation*(Cambridge: Cambridge University Press, 2003), pp. 118~125 참조.

52 사회주의국가 형성 초기에 사유재산권을 철폐한 데에서 잘 드러나듯이 시장적 관계는 집단이 아닌 개인 보유 재산에 기초한 자유로운 사적 이익 추구를 촉진하기 때문에 '전

과 외화 자금이 최우선적으로 군수부문에, 그리고 그 다음으로 특수 단위들에게 배정되기 때문에 인민경제부문에 돌아가는 몫은 큰 의미를 갖기 어렵다. 따라서 전쟁 예비물자 보장 명령의 수행과 같은 군사적 동원체제 유지를 위해서 인민경제부문의 대다수 기관·기업소들은 불가피하게 시장에 의존해서라도 자체적으로 생존을 모색할 수밖에 없다. 인민경제부문의 이런 실태는 결과적으로 기업관리방식의 변화를 강력하게 압박해왔다. '7·1 경제관리 개선조치'처럼 김정은 정권의 경제개혁은 이런 압박에 대한 '전쟁 준비 국가'의 정책적 대응 조치라고 볼 수 있다. 그 핵심은 인민경제부문의 불법적이고 무질서한 시장 확대를 통제하면서, 인민경제의 '활성화'에 의한 인적·물적 자원의 군사적 동원 태세를 보장하기 위해 시장의 '제한적 활용'에 입각한 경제개혁을 추진하는 데에 있다. 즉 군사적 동원체제의 물적 토대를 보전하기 위해 중앙집권적인 경제관리가 기본적으로 보장되는 선에서 시장적 관계를 활용하는 경제개혁을 추진하는 것이라고 볼 수 있다. 이 점을 세 가지 항목을 중심으로 살펴볼 수 있다.

첫째, 농장의 포전담당책임제('개인분담제')에 따른 농업생산물 증가에도 불구하고 군량미의 징발('자원적 지원')에 의해 농촌시장의 발전이 상대적으로 위축된다는 점이다. 개인 토지 수확물의 '3·7제' 분배는 개

쟁 준비 국가'는 '정치군사적 합리성'을 실현하기 위해 시장을 억압하게 된다. Viktor Zaslavsky, "The Post-Soviet Stage in the Study of Totalitarianism: New Trends and Methodological Tendencies," *Russian Politics & Law*, Vol. 41 Issue 1(2003), pp. 48~49 참조.

인 토지 생산물의 시장 판매를 허용함으로써 국가가 전쟁 준비에 농업 부문의 직접 생산자들을 적극적으로 동원해내는 기제로 작용하고 있다.[53] 그렇지만 실제로는 개인 토지 생산물까지 군량미 징발 대상에 포함시킴으로써 시장 판매를 통한 농장원가구의 가처분소득 증대 기회가 적지 않게 감소될 수 있다.[54] 분배관계의 제도적 변화에도 군량미 징발이라는 경제외적 수단에 의해 경제적 분권화를 촉진할 수 있는 농업부문의 시장 발전과 농촌의 계층적 분화를 억제하고 있는 셈이다.[55]

둘째, 전쟁 준비를 위해 국가가 전 주민을 군사적 동원체제의 통제하에 두려고 하기 때문에 비국가부문의 노동시장 형성이 크게 제약되고 있다는 점이다. 이 점은 당 중앙군사위원회가 작성해서 2004년 4월에 전국적으로 배포하고, 2013년 8월에 일부 내용이 개정된 '전시사업세칙' 지시문에서 잘 드러난다. 이 세칙의 중요한 지시들 중 한 가지는 전시동원령이 하달되면 군사동원부가 주축이 되어 24시간 안에 주민들이 총동원체제에 돌입할 수 있는 태세를 갖추도록 한 점이다.[56] 국가가 전 주

---

53 이는 만성적인 식량 위기에 따른 식량안보 위협과 식량수입에 따른 외화지출 부담의 감소라는 정치경제적 목적 달성에도 부분적으로 유효할 수 있다.

54 "북, 식량유통 통제, 시장서 쌀 거래 금지", 자유아시아방송, 2014년 10월 15일 자; "군용 식량확보를 위해 추수기간 군인들 탈곡포전에 무장경계 실시", NK지식인연대, 2014년 10월 10일 자; "농가 소득 증대 조치·포전담당제 실상", 자유아시아방송, 2015년 6월 9일 자; "군용 식량 공출을 일부 농민들이 거부… 연료비 없어 쌀 걷어가지 못하는 부대도", 아시아프레스, 2016년 5월 27일 자(http://www.asiapress.org) 참조.

55 계층적 분화의 억제는 농장원 하층가구의 탈농화를 억제하고 (비공식적인) 도시 이주 압력을 완화하는 쪽으로 작용한다. 농촌 가구 구성원의 임시(계절적) 도시 이주는 주민들의 정치군사적 통제에 적지 않은 부담을 초래할 수밖에 없다. 이 점은 도시의 비국가 부문 노동시장 형성 문제와도 연결되어 있다.

민, 특히 젠더화된 정치적 통제 관점에서 더 중요한 대상으로 간주하는 남자들을 신속하게 동원하기 위해서는 주민들의 자유 이동을 제한하고, 일상생활의 '이동성'을 용이하게 장악할 수 있어야 한다. 이를 위해서 당이나 외곽단체들의 조직생활 연결망 안에 이들을 구속시키는 것이 가장 효율적인 방책이 될 수 있다.[57]

이와 관련해서 기관·기업소는 현실적으로 대다수 주민들의 일과 생활을 장악할 수 있는 가장 강력하고 효과적인 기층 거점 조직으로 역할하게 된다. 왜냐하면 비군사부문의 '지역방위' 체계에서 기관·기업소가 지방군 병력의 전시 편제 전환이나 전시 예비물자와 전시 비축물자의 수집 또는 전시 군수생산을 위한 기능공 예비 인력의 충원 등에서 실무적인 기초사업을 책임지고 있기 때문이다.[58] 따라서 국가가 비국가부문의 노동시장을 공식적으로 허용할 경우 노동력 수급과 연계된 노동시장의 가변성 때문에 신속한 군사적 동원을 위한 주민들의 이동 통제가 매우 어렵게 된다.[59] 비농업 국가부문의 유휴 노동력이 과도하게 증가했

---

56 "'김정일 戰時세칙' 극비문건 입수", ≪경향신문≫, 2005년 1월 5일 자(http://news. khan.co.kr). 개정된 '전시사업세칙'에서는 '전시 선포 시기'에 해당하는 경우들을 좀 더 구체화한 것으로 알려졌다. "北 '南애국역량이 요청땐 戰時선포'", ≪동아일보≫, 2013년 8월 22일 자(http://news.donga.com).

57 기업소 종업원이 무단결근할 경우 유관 간부가 결근자의 집을 가정방문하여 그 사정을 파악한다든지, 또는 기업소에 등록되어 있는 '8·3 노동자'들의 집을 외곽단체 초급간부가 개별적으로 방문하여 당적 지시를 전달하고 그 결과를 상급조직에 보고하는 정형화된 실례들에서 이 점은 잘 드러난다. 탈북자 A 증언(2013년 11월 필자 면접); 탈북자 B 증언(2016년 8월 필자 면접) 참조.

58 김병욱, 「남한과 북한의 지역방위체계 비교」, ≪국방연구≫, 제55권 4호(2013), 88~91쪽 참조.

음에도 국가가 비국가부문의 고용 창출에 의해 이를 완화하지 않는 것
이나,[60] '사회주의 기업 책임관리제'에서 지배인의 책임하에 일정 규모
의 고용인력을 구조조정할 수 있다는 규정[61]이 거의 사문화되고 있는
것은 이런 사정에 크게 기인한다.[62] 국가가 비국가 부문의 고용 창출과

---

59 실례로 2014년 7월에 당 중앙군사위원회 명령에 따라 진행된 민방위군 전투력 일체 점
검에서 '민방위무력이 임의의 시각에 전투태세에 진입할 수 있는가'를 중점 검열했는데,
만포에서는 검열 대상이 된 공장·기업소들이 전시 동원 준비태세 불량으로 시당 일부
간부와 해당 공장·기업소 간부들 다수가 엄중경고 이상의 처벌을 받은 것으로 알려졌
다. "북, 민방위군 일체점검", 자유아시아방송, 2014년 7월 31일 자.

60 쿠바에서는 라울 정권의 경제개혁 프로그램에 따라 국가부문 고용 노동력의 일부를 공
식적으로 감축하면서, 이들에 의한 비농업부문 협동조합 조직을 지원하거나, 주변적인
재화와 서비스 생산·판매업종의 '개인사업자'로 이들의 전직을 유도해서 조세수입원을
개발하고 어느 정도 고용도 창출하고 있다. Yailenis M. Concepcion, "Self-employment
in Cuba: between informality and entrepreneurship — the case of shoe
manufacturing," *Third World Quarterly*, vol. 37, no. 9(2016) 참조. 그렇지만 라울 정권
도 비농업부문 협동조합 조직화에 소극적이고, 비국가부문 자영 사업자들의 사적 자본
축적을 허용하지 않는 정책을 여전히 고수하는 데에서 엿볼 수 있는 것처럼 전체적으로
경제개혁 추진의 경직성을 노정하고 있다. Ricardo Torres, "Economic transformations
in Cuba: a review," *Third World Quarterly*, vol. 37, no. 9(2016), pp. 1691~1695 참조.

61 "기업소 지배인의 '수입병'은 왜 생겼나?" ≪통일뉴스≫, 2015년 1월 13일 자(www.
tongilnews.com).

62 '8·3 수입금'을 납부하는 일부 노동자들을 제외하고는 공장·기업소의 유휴 노동력은 물
론이고 일부 생산 투입 노동력까지도 건설사업 집단 노동에 동원되고 있는 것이 현재
북한의 노동력 관리 실태이다. 2016년 7차 당대회 준비 명목으로 전개한 '70일 전투'나
당대회 직후 '200일 전투' 기간에는 무단결근자와 무적자 등을 단속해서 노동단련대에
보내거나 농촌에 강제 지원노력으로 집단적으로 투입했다. "북, 농촌동원에 무단결근자
강제 투입", 자유아시아방송, 2016년 6월 23일 자 참조. 또 '200일 전투' 수행을 위해 기
업소들에서는 종업원의 절반은 군사훈련에 동원시키고, 나머지 절반 종업원들을 '전투
과제' 수행에 투입하고 있는 것으로 보도되었다. "北, '200일 전투' 주민동원 위해 "전시
체제처럼 생활" 강요", ≪데일리NK≫, 2016년 7월 12일 자 참조. 이는 소련에서 '전시공
산주의' 시기에 볼셰비키 정권 유지를 위해 실시한 '노동의 군사화' 정책의 현실 구속적
인 유제라고 할 수 있는데, 노동의 강제할당(직업 배치)과 국가적 동원이 '노동의 군사
화' 정책의 핵심이다. Peter J. Boettke, *Calculation and coordination: essays on socialism*

같은 '경제적 합리성'의 추구 대신에 전쟁경제의 구성 요소인 중앙집권적인 '정치군사적 동원의 효율성'을 최우선적으로 보장하려고 하는 데에서 경제개혁은 제약될 수밖에 없다.

셋째, 소규모 생산수단의 사적 소유권의 법적 불인정과 관계된 경제개혁의 제한성 문제이다. 북한에서 국가의 묵인하에 불법적으로 이루어지는 영세한 규모의 생계형 '개인사업'을 제외하고, 사적 자본축적의 개연성이 있는 —경우에 따라 적지 않은 수의 타인 노동력을 고용하는 것으로 알려져 있는 — 자영(상업, 제조업, 서비스업, 채취채굴업 등) '개인사업자'들은 대다수가 국가기관·기업소의 명의로 개인 소유 생산수단을 등록해놓은 상태에서 시장에 참가하고 있다.[63] 이들이 이런 '모호한' 방식으로 사업용 개인재산을 관리하는 것이 '모호한' 법규정에 의거한 사법기관의 선별적이고 자의적인 처벌을 회피할 수 있는 유력한 대안이 되기 때문이다. 그렇다고 해서 이들의 개인재산이 안전하게 보호되는 것만은 아니다. 2009년에 개정된 북한 형법의 국가재산 관련 조항에서 기관·기업소와 개인 간에 국가재산을 '불법적으로' 임대차하는 죄에 대한 처벌을

---

and transitional political economy(London ; New York : Routledge, 2001), p. 92.

63 이 점을 '사실상의 사유화'라는 관점에서 적극적으로 평가하고 있는 연구로는 김석진·양문수, 『북한 비공식 경제 성장요인 연구』(서울 : 통일연구원, 2014), 3장; 윤인주, 「북한의 사유화 현상 연구: 실태와 함의를 중심으로」, ≪북한연구학회보≫, 18권 1호(2014); 양문수, 앞의 글(2016) 참조. 그렇지만 이 연구들은 '시장화'와 모호한 '사유화' 간의 상호 보강적 발전에 일차적으로 주목하기 때문에 국가가 법적으로 모호한 '사유화' 공간을 '시장화'를 통제하는 정치적 수단으로 활용할 수 있다는 점이나 효과적인 법적·제도적 지원이 부재한 상황에서 '개인사업자'가 '사실상의 사유화'에 의해 '실제로' 사적 재산권을 보장받기 위해서 간부의 '비공식적인 정치적 후견'을 필요로 한다는 점에 대한 유의미한 고려가 미약하다.

강화하는 규정이 추가되기도 했지만,[64] 김정은 정권은 수시로 국가재산 명의로 등록된 개인재산을 무상 헌납하도록 강요하거나 몰수하고 있다.[65]

이처럼 사법적 처벌이나 다른 부당한 방식에 의해 개인재산을 국가로 귀속시키는 일이 곧잘 발생하고 있지만 국가는 경제개혁 관련 조치에서 이런 '생산적 개인재산'의 법적 지위에 대해 공식적으로 언급하지 않고 있다. 비국가부문 사경제의 중요 부분을 인민경제 내로 인입하여 군사적 동원에 효율적으로 연결시키는 데에 법적으로 모호한 관리방식이 더 유리하게 작용하기 때문이라고 볼 수 있다. 비국가부문 노동시장의 발전을 억제함으로써 주민 동원의 군사적 효율성을 보장할 수 있다고 보는 것처럼 국가는 경제적 유용성이 있는 개인 생산수단의 국가 명의 등록을 유도함으로써 그 활용 실태를 파악할 수 있다. 이런 파악 위에서 국가는 전시 물자동원령이 발효될 경우 개인재산 징발에 반발하는 실소유자에 의한 생산수단의 은닉이나 훼손 등을 최소화할 수 있고, 또 실소유자와의 '법적 다툼' 가능성을 선제적으로 차단할 수 있다. 사적 자본 축적을 위한 생산활동은 합법적이지 않고, 따라서 생산수단의 사유와 관련된 어떤 법적 권리 주장도 제기할 수 없기 때문이다. 이처럼 일반적으로 체제전환기 경제개혁 진척의 중요한 요건이 되는 비국가부

---

64 이규창, 2012, 「북한의 주민통제 법제 정비와 체제유지」, Online Series, CO 12-45(통일연구원, 2012, http://repo.kinu.or.kr), 2쪽 참조.

65 "북한 당국, 개인 소유 차, 오토바이 무상몰수 지시", 열린북한방송, 2012년 4월 30일 자(http://www.nkradio.org, 사용중지 상태); "북, 국가명의 빌린 사기업 재산도 일부 압류", 자유아시아방송, 2016년 5월 26일 자; "北 경제 주무르는 돈주와 김정은의 불화", ≪주간조선≫, 2016년 7월 4일 자(http://weekly.chosun.com).

문 사유재산권의 법적·제도적 보장 문제는 전쟁경제를 뒷받침하기 위한 물적 자원의 군사적 동원체제에 의해 제약되고 있다.[66]

3) 경제적 관여와 제재의 한계

'시장의 제한적 활용'과 관련된 이상의 세 가지 항목에 비춰 볼 때 전쟁경제와 군사적 동원체제에서 기인하는 경제개혁의 제약 효과가 집합적 행위자들에 의해 완화될 가능성은 혁명자금제도에 비해 더 낮다. 군량미 징발의 경우를 보면 포전담당책임제에 의해 군량미 확보가 상대적으로 용이해질 수 있다는 점에서 농업개혁이 군사적 동원체제의 물적 토대 유지에 기여하는 면이 있다. 그렇지만 군량미 징발이 시장을 매개로 하지 않고 국가가 생산자로부터 직접 수탈하는 방식으로 이루어지기 때문에 경제개혁의 제한효과를 완화할 수 있는 여지가 거의 없다. 비국가부문의 주변적 임시 노동시장의 존재나 국가부문 내 소규모 사적 생산수단의 활용도 군사적 동원체제의 효율적 작동에 장애물로 작용하기

---

66 사유재산권의 법적 보장이 사회의 기본원리를 구성하고 있는 자본주의사회에서도 제2차세계 대전 당시 군국주의 일본이나 나치 독일 같은 '전쟁 준비 국가'는 피지배층 동원이나 중앙집권적 자원 통제를 위해 사유재산권을 제약하는 조치를 취했다. 이 국가들은 사유재산이 전시생산의 효율성을 제고할 수 있는 유인력을 제공한다는 판단 위에서 사유재산권 행사를 제한하는 데 (인종차별적인) 융통성을 발휘했다. Eiko Ikegami, 앞의 글, pp. 136~138; Christoph Buchheim and Jonas Scherner, "The Role of Private Property in the Nazi Economy: The Case of Industry," *The Journal of Economic History*, vol. 66, no. 2(2006), pp. 394~412 참조. 이런 통제정책은 전쟁 수행을 위해 정치·경제 체제의 특성에 연계된 사적 생산수단의 효율적 활용 방안을 모색한다는 점에서 북한의 해당 정책과 유사하다.

때문에 시장적 관계는 일차적으로 통제 대상으로 간주된다.

이런 점들에 비춰 볼 때 '전쟁경제 유지'를 위한 시장의 '제한적 활용' 정책은 군사적 규율이 보장될 수 있고 군사적 동원체제 작동에 '기능적인' 범위 내에서 인민경제부문의 시장적 관계를 허용하고 활용하려는 정책임을 알 수 있다. 앞에서 살펴본 혁명자금제도의 유지와 관련해서 시장적 관계가 통제 대상이면서 동시에 의존 대상으로 위치 지워지는 이중적 관계로 인해 불가피하게 경제개혁의 제한성이 완화되는 것과 달리 군사적 동원체제의 유지에서 경제개혁의 제한효과를 완화할 수 있는 계기들의 생성을 기대하기가 쉽지 않은 것은 이 때문이다. 이런 맥락에서 '전쟁경제 유지'를 위한 군사적 동원체제 작동은 김정은 정권의 경제개혁에 제약을 부과하는 구조화된 요인이라고 평가할 수 있고, 군사적 동원체제와 관련해서 집합적 행위자들의 시장지향적 행위에 의해 경제개혁의 제한성이 완화될 가능성은 낮다.

2013년 초 준전시 상태 선포에 따른 군사적 동원체제의 가동 사례는 이 점을 집약적으로 보여준다. 그 당시 지방 당정 기관들은 산악 갱도소개지로 이전하고 시장통제를 강화하는 상황에서 일반 공장기업소들은 시장 연계 생산 중단 등으로 인해 노동자 가구들의 생계가 크게 위협 받았음에도 수주일 동안 군수 일용직장(작업반)만 가동하면서 대다수 노동자들을 '진지 차지' 군사훈련에 동원하였다.[67] 여기서 외부의 경제적

---

67 "김정은 당간부 4시간 대기 지시", 자유아시아방송, 2013년 2월 1일 자; "北 주민, 전시 대비 가전제품 팔고 식량 사들여", 데일리NK, 2013년 3월 11일 자; "군사훈련에 '독립채 산제' 실종… 생활고 가중", 데일리NK, 2013년 3월 18일 자 참조.

관여가 전쟁경제와 군사적 동원체제에 의해 부과되는 경제개혁의 제한성을 완화하는 데 유의미한 효과를 기대하기가 쉽지 않다는 점을 재차 알 수 있다. 이 사례에서 보듯이 군사적 동원체제 유지는 도구적 차원 이상의 시장 활용과 양립하기가 쉽지 않기 때문이다.

그런데 이 사례에서는 노동자 가구의 생계 곤란으로 인해 예비 병력의 전투력 유지와 관련된 군사적 동원체제가 부분적으로 침식되고 있다는 점도 엿볼 수 있다. 이는 대북 제재가 군사적 동원체제의 이런 침식을 촉진하는 효과를 산출할 가능성이 적지 않다는 점을 시사한다. 왜냐하면 시장의 '제한적 활용'에 의존하는 위계적인 정치군사적 지배체제에서 외부 제재에 따른 경제적 희생의 많은 부분은 '약자의 경제'에 해당하는 공장기업소 노동자들을 포함한 피지배 하층 집단에게 최종적으로 전가되기 때문이다.[68] 그렇지만 대북 제재를 매개로 한 군사적 동원체제의 침식 촉진이 '전쟁경제 유지'에서 기인하는 경제개혁 제한성의 완화로 연결될 수 있다고 보기는 쉽지 않다. 예비 병력의 전투력 유지를 위한 노동자 가구의 생계를 보장할 수 있는 유력한 방편이 예컨대 위에서 살펴본 비국가부문 노동시장의 공식 허용과 같은 경제개혁의 확대 조치에 있다고 할지라도 이런 조치가 군사적 동원체제의 침식을 촉진하

---

68 인종차별 정권 시기의 남아프리카공화국에 대한 서구 사회의 경제제재 효과와 관련해서 이 점을 지적하고 있는 글로 Neta C. Crawford, "Trump Card or Theater? An Introduction to Two Sanctions Debates," Neta C. Crawford and Audie Klotz(eds.), *How Sanctions Work: Lessons from South Africa*(New York: St. Martin's, 1999), pp. 4~17, Neta C. Crawford and Audie Klotz, "How Sanctions Work: A Framework for Analysis," 같은 책 pp. 34~37 참조.

는 자기파괴적 결과를 초래할 수 있기 때문이다. 더구나 김정은 정권이 핵과 미사일 등에 역점을 둔 비대칭전략으로 '전쟁경제 유지'의 기본틀을 변경하여 군사적 동원체제의 침식에 따른 부담을 완화할 수 있게 됨에 따라 제재를 매개로 한 경제개혁 제한성의 완화가능성을 기대하기는 더 어려운 면이 있다. 이렇게 볼 때 대북 제재는 군사적 동원체제 작동에 균열을 초래하는 데 경제적 관여에 비해 상대적으로 유효할 수는 있지만 '전쟁경제 유지'에 의해 제약되고 있는 경제개혁의 확대를 유도하거나 촉진할 수 있는 효과를 산출하기가 어렵다는 점에서는 경제적 관여와 별 차이가 없다고 볼 수 있다.

5. 결론

국제사회의 경제적 관여나 제재에 의해 북한의 체제전환을 촉진하거나 유도할 수 있는 유효한 방안을 도출하기 위해서는 체제전환을 제약하는 내적 요인들의 분석이 중요하다. 이 글은 김정은 정권의 경제개혁이 체제전환의 내생적 추동력으로 발전할 수 있는 가능성을 제약하는 제도화된 요인과 구조화된 요인을 검토함으로써 이 점을 확인하고자 했다. 북한의 경제개혁에 대한 전망적 평가를 행위자 수준의 경제적 제약 요인들을 중심으로 설명하는 방식은 한계가 있기 때문이다.

검토 결과 김정은 정권의 혁명자금 관리제도의 작동 방식은 경제개혁을 제약하는 중요한 '제도화된' 요인이라는 것을 알 수 있다. 이는 세습후계체제의 기반을 공고화하기 위해 김정은 정권이 혁명자금제도에 의존하는 데에서 비롯된다. 두 가지 점에서 이를 파악할 수 있다. 한 가지는 특수 단위들에게 외화벌이 자원이나 외화 자금이 우선적으로 분배됨에 따라 내각은 경제개혁의 추진 자금 확보에 어려움을 겪는다는 점이다. 다른 한 가지는 국가 외화 자금의 중앙집권적 통제에 의해 국가의 상급 간부층이나 사회의 유력한 '상인자본가'들의 분권화된 자본 축적을 억제함으로써 경제개혁에 제약이 가해진다는 점이다.

군사적 동원체제에 기반을 둔 '전쟁경제 유지'는 경제개혁을 제약하는 '구조화된' 요인이라고 할 수 있다. 이는 제도화된 제약 요인보다 경직된 규정력으로 작용한다는 점에서 차이가 난다. 국방공업의 선차적 강화발전이나 경제 발전·핵 무력 병진노선 추구와 같은 '전쟁경제의 유지'로 인해 인민경제부문의 자원 가용성이나 경제적 잉여 축적 가능성이 매우 낮기 때문에 경제개혁에 대한 제약도 클 수밖에 없다. '전쟁경제 유지'를 뒷받침하는 군사적 동원체제도 인적·물적 자원의 정치군사적 동원의 효율성을 최우선적으로 보장하려고 하기 때문에 경제개혁에 강한 제약력을 부과한다. 포전담당책임제와 연계된 군량미 징발, 비국가부문의 노동시장 형성 억제, 소규모 사적 생산수단의 비공식적 활용과 개인 소유권의 불인정과 같은 정책적 기조에서 경제개혁의 법적·제도적 지원이 제한적임을 확인할 수 있다.

이와 같이 김정은 정권의 경제개혁은 후계권력자의 정책적 의지나 권력 기반의 강화 시도, 지배세력 분파들의 기득 이권 추구 또는 '시장세력'의 자본 축적 욕구와 같은 다양한 집합적 행위자들의 이해관계의 평면적 상호작용에 의해 규정되기보다는 다층위적으로 제도화되고 구조화된 요인들에 의해 제약되고 있다는 것을 알 수 있다. 이 점은 김정은 정권의 경제개혁이 체제전환의 촉매제로 작용하기가 그만큼 더 어렵다는 것을 뜻한다. 이는 역설적으로 체제 내적 제약 요인들이 다층위적으로 강력하게 작용할수록 경제적 관여나 제재라는 외삽적 요인의 역할이 더욱 중요할 수 있다는 점을 확인시켜 준다. 바꿔 말하자면 이런 제약 요인들로 인해 북한의 경제개혁이 체제 유지를 위한 전술적 차원의 정책으로 한정되는 경향이 있다면, 경제적 관여나 제재는 이런 '체제 내적' 경제개혁이 체제전환을 촉진시키는 과도기적인 전략적 차원의 정책으로 전화될 수 있도록 북한 정권의 정책적 기조 변화를 유도하거나 압박할 수 있는 외삽적 개입 방안을 모색할 수 있어야 한다.

이 글의 검토에 비춰 보면 혁명자금제도의 경제개혁 제약 효과는 외화 자금의 처분을 둘러싼 김정은 정권의 중앙집권적인 통제와 기관·기업소나 상급 간부층의 분권화된 실천 사이의 불안정한 절충에 의존하고 있기 때문에 경제적 관여나 제재에 의해 어느 정도 완화될 가능성이 있다고 평가할 수 있다. 이와 달리 '전쟁경제 유지'의 경제개혁 제약효과는 '제한적 활용'의 한계를 벗어나는 시장의 발전이 군사적 동원체제 작동과 양립하기 어렵다는 점에서 경제적 관여나 제재에 의해 완화될 여지가 별로 없다고 평가할 수 있다.

이로부터 김정은 정권의 경제개혁과 연계된 북한 체제전환의 내적 동력 형성 문제에서 **'전쟁경제 유지'-군사적 동원체제의 작동**이라는 구조화된 제약 요인보다는 **혁명자금제도의 작동 방식**이라는 제도화된 제약 요인에 초점을 맞춰 경제적 관여와 제재의 실천적 방안을 모색하는 게 더 유의미할 수 있다는 점을 알 수 있다.[69] 단기적으로 또는 중장기적으로 이런 제약 요인들의 차등적인 구속 효과를 완화하거나 질적으로 변화시킬 수 있는 북한 체제 내의 '약한 고리'들을 활성화하는 데, 이 글의 분석적 접근 방식은 유의미한 시사점을 줄 수 있다고 본다.[70]

---

69 바꿔 말하자면 북한의 '전쟁경제-군사적 동원체제'의 이완 가능성의 유도 문제는 경제적 관여나 제재가 아닌 다른 방식 차원의 대북 교섭이 필요할 수 있다는 점을 시사한다. 또는 좀 더 장기적인 관점에서 경제적 관여나 제재에 의해 김정은 정권의 '제한적인' 부분적 경제개혁의 확대를 유도하거나 촉진하고 이와 연계해서 '전쟁경제-군사적 동원체제'의 이완 유도 방안을 모색해볼 수도 있다는 점을 시사한다.

70 '약한 고리'들의 활성화 문제는 구조적 규정력의 '행위 동력의 부여' 요소를 활용하는 집합적 행위자들의 형성 및 성장과 밀접하게 관련되어 있다.

참고문헌

1. 국내 문헌

1) 단행본

김석진·양문수. 2014.『북한 비공식 경제 성장요인 연구』. 통일연구원.

성채기 외. 2003.『북한 경제 위기 10년과 군비증강 능력』. 한국국방연구원.

임강택. 2000.『북한의 군수산업 정책이 경제에 미치는 효과 분석』. 통일연구원.

임수호 외. 2015.『북한 경제개혁의 재평가와 전망: 선군경제노선과의 연관성을 중심으로』. 대외 경제정책연구원.

2) 논문

김병욱. 2011.「선군경제운영과 민수산업 군수화」.≪KDI 북한경제리뷰≫, 2011년 6월호.

_____. 2013.「남한과 북한의 지역방위체계 비교」.≪국방연구≫, 제55권 4호.

박형중. 2013.「북한의 '새로운 경제관리체계'(6.28방침)의 내용과 실행 실태」.≪KDI 북한경제리뷰≫, 2013년 10월호.

양문수. 2014.「김정은 시대 경제관리 개선조치의 실태와 평가: 2012~2014년」.≪북한연구학회보≫, 18권 2호.

_____. 2016.「2015년 북한 시장화 동향과 향후 전망」.≪KDI 북한경제리뷰≫, 2016년 1월호.

윤대규. 2005.「2004년 북한 개정형법의 내용과 의미에 관한 연구」.≪형사법연구≫, 제24호

윤인주. 2014.「북한의 사유화 현상 연구: 실태와 함의를 중심으로」.≪북한연구학회보≫, 18권 1호.

이정철. 2012.「대북 제재와 북한의 개혁 퇴행, 인과관계의 검증 -시장 위축 vs. 시장 통제」.≪북한연구학회보≫, 제16권 제1호.

임강택. 2014.「북한 시장 활성화의 숨은 그림, 국영기업의 역할」.『KDI 북한경제

리뷰」, 2014년 6월호.

_____. 2016. 「2016년 상반기 북한의 시장 및 국제사회의 대북 제재」. ≪KDI 북한경제리뷰≫, 2016년 7월호.

정남순. 2015. 「북한 선군정치의 변화 과정에 관한 연구」. 경남대학교 박사학위논문.

최봉대. 2011. 「북한의 지역경제협력 접근방식의 특징: 신가산제적 사인독재정권의 '혁명자금 관리제도'와 대외경제협력의 제약」. ≪현대북한연구≫, 14권 1호.

_____. 2014. 「북한의 국가역량과 시장 활성화의 체제이행론적 의미」. ≪통일문제연구≫, 제26권 1호.

_____. 2016. 「김정은 정권의 월경 경제협력과 경제개혁 정책의 제한성」. 『글로벌 거버넌스와 북한의 정치 경제』. 윤대규 엮음. 한울엠플러스.

탁성한. 2012. 「북한의 군수산업 : 북한 경제에의 영향과 향후 전망」. ≪수은북한경제≫, 2012년 여름호.

한기범. 2009. 「북한 정책결정 과정의 조직행태와 관료정치: 경제개혁 확대 및 후퇴를 중심으로(2000-09)」. 경남대학교 박사학위논문.

3) 기타

김연호. 2014. 「북한의 휴대전화 이용 실태: 북한의 통신혁명은 시작됐는가」. 존스홉킨스 국제대학원(SAIS) 한미연구소/미국의 소리(VOA) 보고서.

김지형. 2004. 「선군노선 아니었으면 오늘의 현실은 없었을 것」. ≪민족1≫, 2004년 8월호.

박형중. 2012. "북한의 6·28 방침은 새로운 개혁개방의 서막인가". 통일연구원 Online Series, CO 12-31.

성채기. 2013. "북한의 '경제-핵 병진노선' 평가: 의도와 지속가능성". 한국국방연구원(http://www.kida.re.kr).

이규창. 2012. "북한의 주민통제 법제 정비와 체제유지". Online Series, CO 12-45(통일연구원, http://repo.kinu.or.kr).

이석. 2014. "5·24 조치, 장성택의 처형 그리고 북한경제의 딜레마". KDI Focus (https://www.kdi.re.kr).

홍민. 2015. "김정은 정권 핵무기 고도화의 정치경제". Online Series, CO 15-25

(통일연구원, http://repo.kinu.or.kr).

탈북자 A 증언(2013년 11월 필자 면접).

탈북자 B 증언(2016년 8월 필자 면접).

NK지식인연대(www.nkis.kr).

≪경향신문≫(http://news.khan.co.kr).

≪뉴포커스≫(www.newfocus.co.kr).

≪동아일보≫(http://news.donga.com).

러시아의 소리(http://korean.ruvr.ru).

북한전략센터(http://www.nksc.co.kr).

성통만사(http://pscore.org).

아시아프레스(http://www.asiapress.org).

열린북한방송(http://www.nkradio.org, 사용중지 상태).

자유아시아방송(http://www.rfa.org).

≪주간조선≫(http://weekly.chosun.com).

≪중앙일보≫북한네트 (http://nk.joins.com).

≪통일뉴스≫(http://www.tongilnews.com).

2. 외국 문헌

1) 단행본

Boettke, Peter J. 2001. *Calculation and coordination: essays on socialism and transitional political economy*. London; New York: Routledge.

Vatn, Arild. 2005. *Institutions and the Environment*. Cheltenham, U.K.: Edward Elgar.

2) 논문

Buchheim, Christoph and Scherner, Jonas. 2006. "The Role of Private Property in the Nazi Economy: The Case of Industry." *The Journal of*

Economic History, Vol. 66, No. 2.

Campbell, Al. 2016. "Updating Cuba's Economic Model: Socialism, Human Development, Markets and Capitalism." *Socialism and Democracy*, Vol. 30, Iss. 1.

Concepcion, Yailenis M. 2016. "Self-employment in Cuba: between informality and entrepreneurship - the case of shoe manufacturing." *Third World Quarterly*, Vol. 37, No. 9.

Cooper, Julian. 2013. "From USSR to Russia: The Fate of the Military Economy." *Handbook of the economics and political economy of transition*. London: Routledge.

Crawford, Neta C. 1999. "Trump Card or Theater? An Introduction to Two Sanctions Debates." Neta C. Crawford and Audie Klotz(eds.). *How Sanctions Work: Lessons from South Africa*. New York: St. Martin's.

Crawford, Neta C. and Klotz, Audie. 1999. "How Sanctions Work: A Framework for Analysis." Neta C. Crawford and Audie Klotz(eds.). *How Sanctions Work: Lessons from South Africa*. New York: St. Martin's.

Harris, Nigel and Lockwood, David. 1997. "The war-making state and privatisation." *The Journal of Development Studies*, Vol. 33, Iss. 5.

Ikegami, Eiko. 2003. "Military Mobilization and the Transformation of Property Relationships: Wars That Defined the Japanese Style of Capitalism." Diane E. Davis and Anthony W. Pereir(eds.). *Irregular Armed Forces and Their Role in Politics and State Formation*. Cambridge: Cambridge University Press.

Kontorovich, Vladimir. 2008. "Where Did the Sputnik Come From? Western Study of the Soviet Economy and the National Interest." (http://ssrn.com/abstract=1193542).

Kontorovich, Vladimir and Wein, Alexander. 2009. "What did the Soviet Rulers Maximise?" *Europe-Asia Studies*, Vol. 61, No. 9.

Moulaert, Frank et al. 2016. "Agency, structure, institutions, discourse

(ASID) in urban and regional development." *International Journal of Urban Sciences*, Vol. 20, Iss. 2.

Shlykov, Vitaly V. 2004. "The Economics of Defense in Russia and the Legacy of Structural Militarization." *The Russian Military: Power and Policy*. Steven E. Miller and Dmitri Trenin(eds.). Cambridge: MIT Press.

Tilly, Charles. 1985. "War Making and State making as Organized Crime." *Bring the State Back In*. P. B. Evans et al. (eds.). Cambridge University Press.

Torres, Ricardo. 2016. "Economic transformations in Cuba: a review." *Third World Quarterly*, Vol. 37, No. 9.

Vachudova, Milada Anna. 2015. "External Actors and Regime Change: How Post-Communism Transformed Comparative Politics." *East European Politics & Societies*, Vol. 29, No. 2.

Zaslavsky, Viktor. 2003. "The Post-Soviet Stage in the Study of Totalitarianism: New Trends and Methodological Tendencies." *Russian Politics & Law*, Vol. 41, Iss. 1.

3) 기타

Shlykov, Vitaly V. 1997. "The Crisis in the Russian Economy."
 (www. strategicstudiesinstitute.army.mil).

중국 선양 주재 미국 총영사 보고서. 2010. "SUBJECT: TRYING TO TAME THE INFLATIONARY BEAST."(2010년 1월 14일).
 (http://wikileaks.org/cable/2010/01/10SHENYANG8.html).

제4장

북한적 시민사회 형성을 위한 글로벌 거버넌스

울란바토르 프로세스의 조건과 가능성

구갑우 · 최완규

1. 서론

'1980년대'에 '지구적 수준'에서, 시민사회의 개념은 (재)발견된다.[1]
서유럽의 평화운동, 소련 및 동유럽 사회주의국가에서의 저항운동, 라
틴아메리카에서의 반독재투쟁, 한국의 민주화운동, 남아프리카의 인종
차별폐지운동 등등 속에서 새로운 진보적 가치를 담지한 시민사회라는
개념이 공유되었다. 그 가치는, 정치적·개인적 권리의 급진적 확장, 즉
자율성과 자주 조직에 대한 요구였다. 더불어 국가를 변혁하는 작업을
포기하지 않으면서 동시에 국가를 넘어서서 국제제도의 문제에 접근하
기 위해 연대를 모색하는 새로운 모습도 나타났다. 1990년대에 접어들

---

1 M. Kaldor, *Global Civil Society: An Answer to War*(Cambridge: Polity, 2003).

면서, 좌파의 민주주의 이론도 시민사회운동의 성과를 바탕으로, 정당
정치보다는 인민의 능력(empowerment), 참여(participation), 숙의(delibe-
ration) 등등의 가치를 강조하려 했다.[2] 유럽에서는 냉전의 벽을 허문
1975년 헬싱키협정(Helsinki Agreement)—정치적 신뢰 구축, 경제협력, 인
도주의 및 기타 분야에서의 협력—의 체결로, 가치로서 인권과 평화의 경
계가 사라지고, 운동으로서 동서유럽의 시민사회가 네트워킹할 수 있는
계기가 마련되었다.

특히 우리가 주목해야 할 것은, 헬싱키협정의 인도주의적 조항이 동
구 사회주의국가의 시민사회를 재활성화하는 의도하지 않은 결과를 초
래했다는 사실이다. 소련 및 동구 국가에서는 헬싱키협정 이후 이 협정
을 감시하는 시민사회단체가 결성되었다. 지구적 수준에서의 냉전의
종언이 동구의 시민혁명으로부터 시작되었다면, 헬싱키협정은 그 과정
에서 중요한 개입변수였다.[3] 폴란드를 사례로 한 연구에 따르면, 국가
와 시민사회의 구분을 없애고자 했던 사회주의의 기획은, 수정주의
(revisionism)의 시대를 거치면서 정치적 반대파가 등장하고 이후 수정
주의의 종언과 시민사회의 재탄생으로 귀결되었다.[4] 그 과정을 매개한
주요 변수 가운데 하나가 유럽 차원의 안보협력 거버넌스라 할 수 있는

---

2 J. Keane, *Democracy and Civil Society*(London: Verso, 1988); 제프 일리, 『The Left,
1984~2000』, 유강은 옮김(서울: 뿌리와이파리, 2008).

3 구갑우, 『국제관계학 비판: 국제관계의 민주화와 평화』(서울: 후마니타스, 2008), 11장;
박경서·서보혁, 『헬싱키 프로세스와 동북아 안보협력』(파주: 한국학술정보, 2012).

4 Z. A. Pelczynski, "Solidarity and 'The Rebirth of Civil Society' in Poland, 1976-81," in J.
Keane ed., *Civil Society and the State: New European Perspective*(London: Verso, 1988).

<표 4-1> 북한 시민사회 형성의 경로

		북한 시장의 변화	
		시장사회의 형성	시장사회의 제약
국제적 관여	실천	시민사회의 형성 (시나리오 I)	제한적 시민사회 (시나리오 III)
	부재	자생적 시민사회 (시나리오 II)	시민사회 미형성 (시나리오 IV)

헬싱키협정이었다. 1980년대 후반과 1990년대 초반 지구적 수준에서 냉전의 해체되고, 1990년대 중반부터 북한이 경제 위기에 직면하면서, 그리고 이 요인들의 복합적 산물로서 북한 핵 문제가 시작되면서, 북한은 외부의 국제기구나 비정부기구의 북한을 향한 '역(逆)통일전선' 외교에 직면하게 된다. 북한의 정치경제체제를 위협할 수도 있는 역통일전선 외교가 수행될 수 있는 이유는, 북한도 정치경제적 이유 — 예를 들어 북한의 하층통일전선의 지속과 북한의 외부로부터의 경제적 지원에 대한 요구 등 — 로 역통일전선을 수용할 수밖에 없는 상황이 전개되고 있기 때문이다. 또한 핵 문제에 대한 다양한 정치사회세력의 관여(engagement)가 증가하면서 북한의 수용 또는 통제 여부와 상관없이 북한에 대한 역통일전선 외교도 이루어지고 있다.

국가와 시장사회가 공존하고 있는 북한에서 시민사회 형성의 두 경로를 생각해볼 수 있다. 첫째, 시장사회에서 국가와 대립하는 정치적 반대파가 형성되어 동구와 같은 시민사회가 만들어지는 경로다. 둘째, 국가와 대립하지는 않지만 자주성을 가지는 제3의 영역, 즉 '공적 영역'으로서의 시민사회가 만들어지는 경로다. 북한에서 시민사회 형성의 경로는 〈표 4-1〉과 같이 설정할 수 있다.

2. 북한의 시민사회론[5]

조선로동당이 '영도'하는 '당-국가'인 북한에서, 외교 행위의 주체는 이론상 조선로동당과 내각의 외무성이다. 이 주체들과 함께 조선로동당의 외곽단체들을 포함한 사회단체들도 타국의 시민사회에 대한 외교를 수행하고 있다. 북한에서 "사회의 일정한 계급 및 계층들이 자기들의 공동의 리익을 옹호하고 공동의 목적을 실현하기 위하여 조직한 단체"로 정의되는 사회단체들은, '인전대'로 간주된다.[6] 인전대는 당과 대중을 연결시키는 사회정치조직으로, 정권기관과 근로단체들이 이 인전대에 포함된다. 즉 사회단체는 당과 대중을 연결하고 당의 지도를 전달하는 인전대다.[7] 특히 북한은 국가 수립을 전후로 한 시기 또는 남북관계에서 통일전선을 언급할 때, 그 주체로서 정당과 사회단체를 호명하곤

---

5 이 절은 구갑우·최완규, 「북한의 동북아 지역정책」, 이수훈 엮음, 『북한의 국제관과 동북아 질서』(파주: 한울, 2011), 135~139쪽의 재정리다.

6 『조선말사전』(평양: 과학백과사전출판사, 2004), 743쪽.

7 ≪천리마≫, 1985년 6월. transmission belt란 개념은 1907년 레닌의 글에서 발견된다. V. Lenin, *Lenin Collected Works 12*(Moscow: Foreign Language Publishing House, 1962), pp. 152~155. 스탈린은, 1923년에 발표한 "레닌주의의 기초"(The Foundations of Leninism)에서 당과 계급의 연결을 언급하면서 transmission belt란 표현을 사용하고 있다. J. Stalin, *The Essential Stalin: Major Theoretical Writings 1905-1952*(London: Croom Helm, 1973), p. 178.

한다.[8]

이 사회단체들은, 국가로부터 자율적인 행위자라기보다는 당과 대중을 연결하는 기능적 역할을 부여받는다. '단체'는 "근로자들을 교양하고 단련하는 학교"의 기능을 수행한다.[9] 북한은 사회를, "사람이 생활하고 활동하는 집단 곧 자주성, 창조성, 의식성을 가진 사람들의 유기적 결합체"로 정의하고 있고,[10] 따라서 국가와 시민사회라는 사회구성적 문제 의식에 동의하지 않는다. '시민사회'는 『조선말사전』 항목에도 없다. '시민'은 도시의 주민이라는 일반적 정의와 더불어 "봉건사회에서, 서울 백각전의 장사아치들"이라는 부정적 정의를 언급하는 정도다.[11] 시민사회의 자율성을 강조하는 '시민사회론'은 "인민대중의 혁명적 지향"을 가로막는 반동적 사상으로 서술된다.[12]

현대개량주의자들이 서유럽 자본주의사회를 미화분식하면서 그것이 ≪정치사회≫≪시민사회≫가 훌륭히 결합된 사회인듯이 선전하고 있지만 지배계급의 지배와 통제밖에 그 어떤 사회적 집단이 따로 존재하고 생활범위가 설정될수 없으며 어느 개인이나 소집단이 정치활동을 하건 경제활동을 하건 활동의 자유를 준다고 하지만 사실상 그러한 사회가 있어 본

---

8 김일성, 『통일전선사업에 대하여』(평양: 조선로동당출판사, 1982).

9 김정일, 「인민대중중심의 우리 식 사회주의는 필승불패이다」, 『김정일 선집 11』(평양: 조선로동당출판사, 1997), 58쪽.

10 『조선말사전』, 743쪽.

11 『조선말사전』, 854쪽.

12 장철민, 「'시민사회'론의 반동성」, ≪철학연구≫, 1(2002).

제4장 북한적 시민사회 형성을 위한 글로벌 거버넌스   139

적도 없고 또 있을수도 없다. 갈라놓을수 없는 하나의 몸뚱이를 인위적으로 둘로 갈라놓고 또 그것을 사변적으로 결합시켜 ≪리상적≫인 사회제도로 묘사하는것이 바로 현대개량주의의 자본주의사회 체제구상이다.

국가와 시민사회가 분리 불가능한 하나의 유기체라는 북한의 전형적 인식이 드러나는 대목이다. 인전대인 시민사회단체는 '기능'의 측면에서만 그 존재 의의가 인정된다. 소련 및 동유럽 사회주의국가의 체제전환이 부분적으로는 시민사회의 (재)발견의 결과라는 점을 고려할 때, 북한이 시민사회론을 비판하는 이유를 추론해볼 수 있다.

그러나 북한이 자국의 외교 이념에 기초하여 수행하는 하층통일전선 외교는, 다른 나라의 시민사회가 가지는 자율성을 필요로 한다. 즉 역설적이지만, 북한은 다른 나라에서 국가와 시민사회의 분리를 전제한다. 다른 나라의 시민사회가 자율성을 가지지 못한다면, 북한의 '인전대'가 될 수 없기 때문이다. 북한이 "국제혁명력량과의 련대성 강화"를 위해 "완전한 평등과 호상존중의 원칙", "제국주의를 반대하는 투쟁에서 광범한 국제적인 통일전선을 형성하는 것" 등을 추진할 때, 연대의 대상은 그 나라들의 집권층이 아니라 반정부적 정당이나 계급과 같은 시민사회다. 북한은 이들을 대상으로 한 통일전선의 형성을 두 차원으로 나누어 설명하고 있다.[13]

---

13 『조선민주주의인민공화국 대회관계사 1』, 7~14쪽.

국제적인 반제통일전선형성에서 하층통일과 상층통일을 유기적으로 결합시키는 것이 주요원칙으로 되는것은 통일전선에 포괄된 범위가 국제적범위이며 그에 망라되는 대상도 역시 실권을 쥔 집권층으로부터 하층의 로동자, 농민, 병사에 이르기까지 각이한 세력과 계층이라는 사정과 관련된다.

북한은 자신들의 통일전선론이, 맑스-레닌주의의 통일전선론과 다른 점으로, 통일전선을 "일시적인 동맹에 관한 전술적인 문제"가 아니라 "자주성을 지향하는 모든 사람들을 포괄하는 가장 폭넓은 통일전선"으로 "전략상의 문제로 제기"한다고 주장하고 있다.[14]

서구 사회에서, 타국의 국민들에 대한 직접적 접근 방식으로 정의되는 '공공외교(public diplomacy)'에 대한 북한식 표현이 '하층통일전선' 외교라 할 수 있다. 전통외교가 국가 또는 국제기구의 대표자들 사이의 관계라면, 공공외교는 다른 사회의 일반 대중 및 비공식적인 특정 집단, 기구, 개인을 대상으로 하는 것이다.[15] 서구 사회에서 공공외교의 개념이 1960년대 중반 발명되었지만 2001년 9·11 이후 본격적으로 사용되기 시작했다면, 북한은 국가 수립 이후 하층통일전선이란 개념을 통해 특유의 공공외교를 실천해왔다고도 볼 수도 있다.

북한식 공공외교 또는 하층통일전선 외교의 특징은 다음과 같이 정

---

14 남희웅, 「주체사상의 근본원리는 통일전선리론의 사상리론적기초」, ≪철학연구≫, 2 (2008).

15 얀 말리센 편, 박종일·박선영 역, 『신공공외교: 국제관계와 소프트 파워』(고양: 인간사랑, 2008).

리할 수 있다. 첫째, 북한의 하층통일전선 외교는 1970년대 이후 『조선 중앙년감』에서 확인할 수 있듯이, 주체사상의 선전과 동의어이기도 했다. 타국에 친북단체를 조직하고 그 조직을 이용하여 주체사상을 전파하는 등의 사례가 그것이다. 둘째, 북한의 하층통일전선 외교는 사실상 당-국가외교의 부속물이었다. 인전대란 표현에서 볼 수 있듯이, 사회단체는 자율적 행위자가 아니다. 셋째, 북한의 주민을 대상으로 하는 타국의 북한에 대한 하층통일전선 외교는 봉쇄되었다.

그러나 1990년대 중반 핵 문제와 경제 위기가 중첩되면서 타국과 타국의 시민사회 그리고 국제 시민사회와 동북아 시민사회 등의 북한에 대한 관여가 증가하면서 북한은 '역하층통일전선' 외교에 직면하게 된다. 또한 북한은 과거와 달리 경제 위기의 해결을 위해 하층통일전선 외교를 활용하려 하고 있다. 예를 들어 1994년 5월 조선로동당 통일전선부 산하에 설치된 '조선아시아태평양위원회'와 같은 조직의 활동을 통해, 북한이 탈냉전·경제 위기 상황하에서 추구하려는 하층통일전선 외교의 일단을 읽을 수 있다.

3. 글로벌 거버넌스와 북한의 시민사회

북한의 동북아 지역 구상에 대한 또 다른 도전은 동북아 시민사회의 북한에 대한 관여다. 북한은 탈냉전시대에 들어서면서 아태평화위원회와 같은 조직 등을 통해 동북아 시민사회에 대한 하층통일전선 외교를 강화해왔다. 그러나 북한의 하층통일전선 외교는, 북한에 대한 시민사회단체의 인도적 지원, 핵 문제에 대한 동북아 시민사회의 관여, 일본인 납치 문제를 둘러싼 일본 시민사회단체의 반북 활동, 친북적이지 않으면서 보편적 가치를 추구하는 한국 시민사회단체와의 만남, 한국 시민사회단체의 북한 민주화운동 등으로 인해, 역 하층통일전선 외교에 직면하고 있다. 동북아 및 한국의 시민사회가 수행하는 관여의 의제는, '인도적 지원', '핵 문제', '인권'의 세 가지로 범주화할 수 있다.

첫째, 1995년 8월 북한의 유엔대표부는 공식적으로 유엔인도지원국(UNDHA)에 긴급구호 요청을 했다. 그리고 세계보건기구(WHO)와 유엔아동기금(UNICEF) 등에도 식량 지원을 요청했다. 수해로 인한 식량 위기 때문이었다. 특히 1990년대 초반 냉전의 해체 이후 사회주의국가들의 지원이 감소한 상황에서 발생한 북한 내부의 자연재해는 북한의 식량 위기를 심화시킨 요인이었다. 북한은 이 위기를 항일무장투쟁 시기의 경험을 원용하여 '고난의 행군'으로 명명했다. 한국의 시민사회를 포함한 동북아 시민사회의 대북지원운동이 본격화된 시점은, 1995년 9월경이었다. 동북아 시민사회단체의 대북지원운동은 북한과 동북아 국가들의 관계에 따라 부침을 거듭하고 있다.[16]

---

16 북한에 대한 인도적 지원을 수행하는 시민사회단체로는, 한국 시민사회의 '우리민족서로돕기운동', '어린이어깨동무'와 종교단체들, 일본 시민사회의 '일본국제자원봉사센터(JYC)', '일본기독교교회협의회', '재일코리안청년연합(KEY)', '북조선인도지원회', 대만의 '대만장로교회' 등이 있다. 대북지원운동은 그 주체들이 스스로 평가하듯, 정치적 중립성, 형평성, 독립성을 유지하면서 진행된 '인도주의운동'이었다. 다른 한편 그들은, 대북지원운동을 남북의 화해와 평화공존에 기여하는 평화운동으로, 남북의 통일을 지향하지만 북한의 붕괴에 의한 흡수통일에 반대하면서 민족의 통합과 평화통일을 추구하

북한은 인도적 지원을 요청했음에도, 자본주의국가들의 '원조'에 대해서는 이론적으로는 부정적 입장을 견지하고 있다. 경제원조를 받는 국가들이 원조를 제공한 국가에 예속될 수밖에 없다는 이유에서다.[17] 북한의 이 이중적 인식은 인도적 지원의 과정에서도 나타나고 있다. 대부분의 인도적 지원이 북한의 요구에 의한 것임에도 시민사회단체의 협상력이 약할 뿐만 아니라 제한된 범위에서만 자신들의 내부를 공개하려는 북한과, 분배의 투명성을 확보하려는 시민사회단체 사이에 갈등이 발생하곤 했다.[18] 또한 북한이 요구하는 개발협력은 시민사회단체가 조달하기 어려운 재원을 필요로 한다. 남북한의 교류와 협력을 위해 조직된 '6·15위원회'의 경험에서는 시민사회가 부재한 북한과의 대화에서 "민간의 자율성과 독자성을 보장하면서 '토론을 통한 재창조'를 이루는 것은 어려운 과제"로 서술되고 있다.[19] 특히 탈냉전 이후 등장한 한국사회의 시민운동인 평화운동세력이 '6·15위원회'와 같은 기구에 참여하게 되면서, 북한이 불편해했던 핵 문제, 여성 문제, 내정간섭의 문제 등이 의제화되기도 했다.

는 통일운동으로, 자신들의 대북지원운동을 정의하고 있다. 대북협력민간단체협의회 외,『대북지원 10년 백서』(서울: 늘품, 2005), 35~37쪽.

17 신분진, 「경제《원조》를 통한 미국식 《민주주의》 전파책동의 반동성」, 《정치법률연구》, 3(2007); 량봉선, 「제2차 세계대전후 아프리카나라들에 대한 미제국주의자들의 《원조》와 그 반동성」, 《김일성종합대학보(역사, 법학)》, 4(2010).

18 정계현, 「남북협력사업에 대한 북한의 수용범위 연구」(북한대학원대학교 석사학위논문, 2010).

19 정현곤, 「남북 민간 교류운동」, 참여연대 평화군축센터 엮음, 『2008 평화백서』(서울: 아르케, 2008).

둘째, 북한의 인권과 민주주의에 대한 관여에서는 동북아 시민사회의 보수적 인권운동단체들이 주체다. 이 단체들은 북한 체제 자체가 북한 문제의 근원이라고 생각하고 있다. 즉, 북한의 인권 개선과 민주화를 위해서는 북한 정권의 교체가 불가피하다고 주장하고 있다. 이 세력들은, 북한을 포용하려는 정치사회세력과 인권과 민주주의의 측면에서 후진적이라고 생각되는 북한 정부 양자 모두를 비판한다. 북한 인권운동과 북한 민주화운동을 추진하는 단체들은, 북한 주민의 인권, 탈북자의 인권, 그리고 국군 포로 및 납북자 문제 등에 주요 관심을 두고 있고, 이를 위해 유엔, 국제인권단체 등의 네트워크를 적극 활용하고 있다.[20] '북한 인권법'의 제정도 이들의 주요한 운동 목표다. 그리고 탈북자의 숫자가 증가하면서, 탈북자들이 조직한 단체들이 북한 인권운동과 북한 민주화운동에 개입하고 있다. 탈북자단체들은 북한 정권을 비판하는 내용이 담긴 대북 전단의 살포와 같은 직접행동에도 나서고 있다. 이 변화에 대응하여, 진보적 시민단체들도 특히 북한 인권 문제에 대해 목소리를 내려 하고 있다. 진보 세력은 한반도 인권이란 관점에서 북한 인권 문제에 접근하려 하고 있다.[21] 북한 인권에 대한 문제 제기는 시민사회단체뿐만 아니라 유엔, 유럽연합, 미국 정부, 일본 정부 등에 의해서도 이루어지고 있다.

---

20 주요 단체로는, 한국의 '북한민주화네트워크', '북한 인권시민연합', '북한 인권 개선운동본부', '피랍탈북인권연대' 등과 일본의 '구출하자 북한민중긴급행동 네트워크(RENK)', '북조선난민구호기금' 등이 있다.
21 예를 들어, 서보혁, 『코리아 인권: 북한 인권과 한반도 평화』(서울: 책세상, 2011) 참조.

외부에서 북한의 인권을 문제시하는 것에 대한 북한의 반응은 복합적이다. 첫째, 북한은 인권의 존재 그 자체를 부정하지는 않고 있다. 인권의 국제법에 대해서도 긍정적이기도 하다.[22] 그러나 김정일이 "사회주의는 과학이다"(1994년 11월)라는 글에서 직접 인권을 언급할 정도로 인권에 대한 문제 제기에 민감하게 반응하면서, 북한은 '우리식 인권'의 개념을 제시한다. 북한의 우리식 인권은, 집단주의·계급성·사회권에 대한 강조와 상대주의적 인권관, 그리고 주권을 축으로 한 인권론으로 나타나고 있다.[23] "인권은 자주적으로, 창조적으로 살며 발전하려는 사회적 인간의 신성한 권리"라는 정의에서 주체사상에 입각한 북한식 인권의 대강을 확인할 수 있다. 둘째, 미국을 비롯한 서방국가들의 인권 현실을 비판하고 북한을 '인권유린국가'로 규정하는 것에 강하게 반발하고 있다.[24] 셋째, 동북아 국가들의 인권 관련 단체들의 정부 비판에 대해서는 긍정적

---

22 한영서, 「인권보장과 관련한 국제법적제도에 대한 리해」, ≪김일성종합대학보(력사, 법학)≫, 4(2010).

23 이무철, 「'북한 인권 문제'와 북한의 인권관: 인권에 대한 북한의 시각과 정책에 대한 비판적 평가」, ≪현대북한연구≫, 14: 1(2011); 조성근, 「인권의 본질」, ≪철학연구≫, 3(1998). 후자의 글의 다음과 구절은 전형적인 북한식 인권관을 보여주는 부분이다: "지금까지는 인권이 인간으로서 당연히 가지게 되는 권리라는 식으로 동어반복적으로 론의되여왔고 왜 인간이 인권을 요구하게 되는가에 대한 해명이 주어지지 못했다. 인권의 본질에 대한 주체적리해는 사람은 자주성, 창조성, 의식성을 가진 사회적존재이라는것이 완벽하게 밝혀짐으로써 비로서 과학적으로 해명되게 되었다."

24 김완선, 「미제국주의자들이 떠드는 ≪인권≫소동의 반동성」, ≪정치법률연구≫, 3(2006); 엄성남, 「미국은 다른 나라 인민들의 생존권을 말살하는 인권범죄국가」, ≪정치법률연구≫, 4(2006); 김금남, 「미제의 ≪인권옹호≫론의 반동성과 허황성」, ≪김일성종합대학보(철학, 경제)≫, 3(2007); 림동춘, 「미국은 세계최대의 국제인권범죄자」, ≪김일성종합대학보(력사, 법학)≫, 4(2007); 리광혁, 「제국주의자들의 ≪인권옹호≫궤변의 반동적본질」, ≪정치법률연구≫, 3(2010).

평가를 하고 있다.

　마지막으로 핵 문제에 대한 동북아 시민사회의 관여는 '무장갈등 예방을 위한 국제연대(GPPAC: Global Partnership for the Prevention of Armed Conflict)'의 형태로 이루어져왔다.[25] GPPAC 동북아는, 2005년 2월 일본 도쿄에서 모임을 가졌는데 주요 이해당사자인 평양이 참가하지 않은 상태에서 베이징, 홍콩, 서울, 상하이, 타이베이, 도쿄, 교토, 울란바토르, 블라디보스토크에서 활동하는 시민사회단체들이 참여했다. 동북아의 정치군사적 현안과 관련한 GPPAC의 문제의식을 정리하면 다음과 같다. 첫째, GPPAC는 동북아 차원의 냉전체제 해체와 동북아 비핵지대화 건설의 맥락에서 한반도 핵 문제에 접근하려 하고 있다. 둘째, 남북한의 신뢰 구축과 경제협력, 시민사회의 대화 그리고 평화체제 구축 등을 한반도 문제의 해결을 위한 대안을 제시하고 있다. 셋째, 군사동맹 없는 동북아에 대한 구상도 GPPAC의 행동의제에 담겨 있다. 넷째, 6자회담의 제도화를 포함한 동북아 지역기구의 창설을 동북아 국가들에게 요구하고 있다. 다섯째, 북한에 대한 인도적 지원 및 탈북 이주민들의 인권 보호 등도 동북아 행동의제로 제기되었다.

　북한의 '시민사회단체'도 GPPAC의 초청 대상이었다. 2007년 몽골의 울란바토르에서 열린 회의에는 북한의 '조선반핵평화위원회'가 참여할 예정이었지만, 결국은 참여하지 않았다. 이 울란바토르 회의에서는 6자

---

25 자세한 내용은, 최완규·구갑우, 「동북아 시민사회 네트워크의 북한 문제 관여」, 이수훈 엮음, 『동북아 질서 재편과 북한의 정치경제적 변화』(파주: 한울, 2010).

회담을 지지하는 한편 이에 상응하는 시민사회의 6자회담을 개최하자는 제안이 나오기도 했고, 북한의 핵 개발뿐만 아니라 한국과 일본이 의존하고 있는 미국의 핵우산에 대한 비판적 견해가 제시되면서, 동북아 비핵지대화를 의제화하고자 했다. 2011년 중국의 베이징에서 열린 GPPAC 회의에 처음으로 북한의 Korean National Peace Committee의 구성원이 참여했다. 북한이 동북아 시민사회의 모임에 자국의 '시민사회단체'를 파견한 첫 사건이었다.

북한이 동북아 시민사회를 만나면서 나타난 변화 가운데 하나는, 북한에서 '시민사회단체'란 표현을 일상적으로 사용하기 시작했다는 점이다. 앞서 북한의 시민사회론에서 볼 수 있는 것처럼, 북한은 서구의 '시민사회론'을 사회주의로의 평화적 이행을 설파하는 수정주의적 담론으로 인식하고 있다. 유기체적 사회구성을 유지하고 있고 이를 이론적으로 정당화하는 북한이, 국가와 시민사회의 존재론적 분리와 시민사회의 국가로부터의 자율성을 수용하는 것은 불가능한 것처럼 보인다. 그럼에도 사회단체의 존재를 부정하지는 않았지만, 그 앞에 수식어로 시민을 붙이지는 않았던 북한에서 2000년대 이후, 정확한 시점과 그 이유를 설명하기는 어렵지만, 시민사회단체란 표현을 '조선중앙통신'과 ≪로동신문≫과 같은 매체에서 사용하고 있다. 특히 한국의 시민사회단체를 지칭할 때는, '진보적' 시민사회단체들만을 시민사회단체로 언급하고 있다.[26] 작은 변화지만, 시민사회단체의 관여가 낳은 결과로 해석할 수도

---

26 시민사회단체들과 '통일애국세력'도 같은 위치에서 언급되곤 한다. 보수적 시민사회단

있다.

북한은 동북아 시민사회의 북한 문제에 대한 관여에 반응을 보일 수밖에 없는 상황이다. 그러나 북한의 동북아 시민사회에 대한 시각과 정책은, 시민사회가 부재한 북한의 현실을 반영하듯, 한계적인 것처럼 보인다. 북한의 '6·15위원회'가 조선사회민주당과 천도교청우당 등의 이른바 친구 정당과 각 부문단체의 대표들로 구성되어 있지만 사실상 조선로동당의 하위 조직인 것처럼, 북한의 하층통일전선 외교는 조선로동당의 외곽단체와 동북아 시민사회가 교류하는 형식을 띠고 있다. 유기체적 사회구성의 필연적 결과이기는 하지만, 북한과 동북아 시민사회의 교류가 증대하게 되면, 북한 하층통일전선 외교의 주체의 문제가 제기될 수밖에 없을 것이다. 북한과 동북아 시민사회의 교류는 북한에서 시민사회가 형성되는 한 계기가 될 수도 있다.[27]

체에 대해서는 북한식의 거친 언사를 하고 있다. 예를 들어, 조선중앙통신, 2009년 5월 10일 자의 "조평통 남조선당국의 시민사회단체들에 대한 ≪준법서약≫ 강요를 비판."

27 북한에 시민사회가 만들어져야 한다는 규범적 주장에 대한 판단이 필요하다. 유기체적 사회관을 견지하면서 북한에 시민사회가 만들어져야 한다는 것을 부정하는 시민사회세력도 있을 수 있다. 이 주장은 한국 시민사회의 가치에 부합하지 않는다. 그렇다면 문제는 '어떻게'다. 두 가지 의견이 있을 수 있다. 첫째, 북한에 시민사회가 만들어져야 한다고 생각하고 그 가치를 지향하지만, 그것은 북한 주민 스스로가 선택해야 할 문제라는 의견이 있을 수 있다. "북한 사회 스스로가 민주화되고, 시장경제를 수용하고, 인권을 중시/실현하는 체제로 변하고 발전하는 것을 부정하는 것"이 아니라 "핵심은 그들 스스로"해야 한다는 주장이다. 더 나아가 인권, 민주주의, 시장과 같이 이른바 보편적 개념으로 포장한 보편주의는 권력의 레토릭으로 평가될 수도 있다. 따라서 이 입장도 둘로 분기된다. 보편적 가치를 인정하고 그것이 북한에 실현되어야 함을 인정하지만 그 과제는 북한 주민이 스스로 해야 할 일이라고 주장하는 입장과, 보편적 가치가 실제로는 위장된 보편적 가치라는 주장의 대립이다. 이 대립은 또한 남한의 현재에 대한 평가와도 연계되어 있다. 즉 남한의 변화를 전제하지 않은 북한에 대한 변화 요구는 '제국주의'의

하층통일전선 외교의 주체가 사실상 당·국가라는 사실에서 기인하는 것이지만, 북한의 동북아 시민사회에 대한 '통일전선적 접근'은 북한과 동북아 시민사회의 협력을 저해하는 요인이 될 수 있다.[28] '6·15위원회'의 사례에서 볼 수 있는 것처럼, 북한의 통일전선적 접근은 남남갈등을 심화하는 요인으로 작용하곤 한다. 즉 통일전선의 논리에 입각한 북한의 하층통일전선 외교는 의도하지 않은 결과를 초래할 수도 있다. 이는 북한 당국의 동북아 시민사회에 대한 인식의 한계에서 기인하는 것일 수 있다. 결국 북한에 시민사회가 형성되지 않는다면, 북한이 동북아

다른 모습일 수 있다. 둘째, 개념의 제국주의, 도덕적 제국주의에 빠지지 않도록 세심하게 주의를 하면서 '시민사회의 인도적 개입'에 대해 생각해볼 수 있다. 북한 주민의 인간안보—생존(survival), 활력(livability), 존엄(dignity)—가 위협받고 있다면, '인도적 지원(assistance)'에서부터 대규모의 인권 침해를 막기 위해 해당 국가의 허가 없이 내부 문제에 강제적으로 개입하는 '인도적 개입(intervention)'까지를 고민해야 한다. 인도적 개입의 윤리학에 대한 정답은 없는 것처럼 보인다. 도덕적 관심의 적절한 원천, 도덕적 관심의 적절한 대상, 도덕적 관심의 적절한 가중치, 도덕적 관심의 폭, 인도적 개입의 정의론 등등을 둘러싸고 다양한 철학적 입장—효용주의, 자연법, 사회계약주의, 공동체주의, 법적 실증주의 등등이 경쟁하고 있다. 국가의 폭력을 이용한 인도적 개입이 아니라 시민사회의 도덕적 의무를 실현하기 위한 실천은, "주권의 상호인정과 인권의 보호가 함께 가"면서 평화적으로 간섭할 수 있는 '인도적 포용(engagement)'이어야 한다. 한반도 시민사회의 건설하고자 한다면, '우리'는 인도적 포용의 주체, 형태, 보편성, 효과 등을 고민해야 한다. 또한 '그들' 스스로의 과업이지만, '우리'는 인도적 포용에 의해 촉진되는 북한의 시민사회 건설 과정의 결과를 미리 예단하지 말아야 한다. 인도적 포용은, 남한 시민사회의 가치를 이식하는 것이 아니라 북한 주민에게 권한을 부여하는 작업이기 때문이다. 무엇보다도 차이와 타자를 생산하는 기제를 탐구하고, 왜 그리고 어떻게 차이와 타자가 발생하는지를 비판적으로 사유한 기초 위에서, 차이의 철학과 타자의 철학을 한반도 시민사회를 건설하는 철학적 기초로 삼아야 한다. 우리에게 보편적 보편성은, 인간안보에 대한 동의의 기초로서, 차이와 공존이다.

28 예를 들어 한국 시민사회에 대한 북한의 통일전선적 접근을 보여주는 글로는 엄국현, 『6·15시대 통일운동의 과제』(평양: 평양출판사, 2007)이 있다.

시민사회들을 이해하는 것이 불가능할 수도 있다. 북한에서 시민사회가 형성된다면, 어떤 경로를 거칠 것인지는 아래와 같이 추론해볼 수 있다.

'고전적 사회주의체제'는 사회주의의 본래적 이념과 달리 국가 및 경제의 사회화가 아니라 경제 및 사회의 국가화를 그 특징으로 하고 있다. 북한도 예외가 아니다. 북한은 여기에 더해 수령-당-대중을 유기체적으로 조직한 사회구성을 유지해오고 있다. 따라서 북한에서는 이념과 현실 속에서 시민사회가 존재하지 않았다고 할 수 있다. 1990년대 중반 '고난의 행군'을 거치면서 북한에서 시장이 확산되면서, '탈국가화(de-state-ification)'한 영역이 확산되고 있음은 사실이다. 탈국가화의 결과로 사적 영역이 만들어졌다. 그러나 사적 영역이, 사회 운동적 또는 신자유주의적 또는 탈근대적 시민사회의 형성으로 이어질지는 미지수다. 즉 우리가 지금-여기서 일상적으로 사용하고 있는 시민사회란 개념을 북한에서 발견할 수는 없다.

1990년대 이전까지 개혁의 경험이 거의 없이 고전적 사회주의체제를 유지하고 있던 북한의 사적 영역의 주된 구성 부분은 가족이었다. 그러나 가족마저도 집단주의라는 국가적 규율의 제도화된 틀 안에서 제한적으로 존재해왔고, 부분적으로는 공적 영역에 통합된 상태로 존재해왔다. 이와 대조적으로 1990년대 중반에 '고난의 행군'이라는 대규모 아사 사태에 직면하여 가족의 생존을 위해 자구적인 차원에서 촉발된 '장마당'의 활성화로 표상되는 아래로부터의 '자생적 시장화'가 분산적으로 전개되어왔다.[29] 이 과정에서 국가주의에 의해 주민들을 결속시키고 사회적 통합을 유지해왔던 공적 영역에 심각한 균열이 발생하고, 이 균열이 공적 영역과 사적 영역의 경계 재조정 압력을 가중시켰고, 사적 영역의 질적 변화와 구성 부분들을 재구성하는 계기로 작용했다. 국가의 재분배정책에 의한 주민 최저생계의 보장이라는 물적 토대에 근거하여 사적 영역 자체를 형해화시킬 정도로 강력하게 작동해왔던 공적 영역은 그 물적 토대의 와해로 인해 불가피하게 사적 영역의 확대를 용인할 수밖에 없었다. 즉 북한에는 '개인들'이 생존을 공동의 목표로 설정하는 '시장사회'가 형성된 상태다.

4. 울란바토르 프로세스와 북한의 시민사회

'국가의 동북아'에서 몽골은 주요한 행위자가 아니다. 강대국도 문제국가도 아니기 때문이다. 물론, 6자회담 참여 국가도 아니다. 강대국정치를 국제정치로 생각하는 이들에게 몽골은 논외의 대상이다. '자본의 동북아'에서도 몽골은 주변이다. 반면, 지속가능한 평화의 동북아를 상상하는 '시민사회의 동북아'에서 몽골은 주목의 대상이다. 세 가지 정도의 이유가 있다. 첫째, 몽골은 1990년대에 국내법의 제정과 유엔의 승인을 거쳐 비핵국가 지위를 획득했다. 몽골은 동북아 유일의 비핵지대(nuclear-free zone) 국가다. 둘째, 지정학적으로 강대국 틈새에 있는 몽

---

29 최봉대·구갑우, 「북한의 도시 '장마당' 활성화의 동학」, 최완규 편, 『북한 도시의 위기와 변화』(파주: 한울, 2006).

골은 수도 울란바토르를 동북아의 제네바로 만들려 하고 있다. 즉 몽골의 외교정책은 양자주의가 지배적인 동북아에서 다자협력을 촉진하는 매개체가 될 수 있다. 셋째, 사회주의국가였던 몽골은 동북아 갈등의 한 축인 한반도의 남북한 모두와 우호 관계를 유지하고 있다.

시민사회의 동북아와 울란바토르의 연계는, 2001년 유엔 사무총장이던 코피 아난(Kofi Annan)의 제안으로 시작된 '무장갈등 예방을 위한 국제연대(GPPAC: Global Partnership for the Prevention Armed Conflict)' ― 시민사회단체, 정부, 지역기구, 유엔 등이 참여하는 '다중의 이해당사자 네트워크(multi-stakeholder network)' ― 의 역사에서 확인할 수 있다. 앞에서 언급한 것처럼, 2005년 2월 GPPAC 동북아 시민사회 네트워크가 일본의 도쿄에서 주요 이해당사자인 '평양'이 참가하지 않은 상태에서 베이징, 홍콩, 서울, 상하이, 타이베이, 도쿄, 교토, 울란바토르, 블라디보스토크에서 활동하는 시민사회단체들로 구성되었다. 전 세계 15개 지역 네트워크는 같은 해 7월, 유엔회의를 통해 지구적 의제를 채택했다. 핵심 비전은, 폭력적 갈등을 다룸에 있어 반응에서 예방으로의 인식 전환과, 정의, 지속가능한 발전, 인간안보를 위해 사람과 정부가 무장갈등이 아니라 비폭력적 수단을 선택하는 세계를 추구하는 것이었다. 원칙과 가치로는, 평화적 방법에 의한 평화, 다자주의, 지속가능성, 대화, 책임성과 투명성, 실천을 통한 학습 등이 제시되었다.

GPPAC 동북아는 2005년 도쿄 회의, 2006년 금강산 회의, 2007년 울란바토르 회의 등을 거치며, 세력균형과 군사동맹에 기초한 안보패러다임을 상호의존과 협력에 기초한 평화패러다임으로 전환하기 위한 기본

원칙으로 평화적 갈등 해결의 존중, 지역의 비핵화와 협력안보체제의 구축, 정의·인권·다양성의 인정에 기초한 갈등 예방을 위한 제도의 수립, 지속가능한 지역경제의 건설, 갈등의 예방을 위해 시민사회·정부·지역기구 및 유엔 사이에 새로운 파트너십 증진, 갈등 예방을 위한 시민사회의 능력 배양 등을 설정했다.

몽골 외교부와의 협력 속에 진행된 2007년 울란바토르 회의에서는, 동북아 평화체제 구축의 메커니즘으로서 6자회담을 지지하는 한편 이에 상응하는 시민사회의 6자회담을 개최하자는 제안이 나오기도 했다. 그러나 북한이 GPPAC 동북아 회의에 참여하고 있지 않은 상태에서 시민사회 6자회담은 불가능한 의제였다. 북한의 '조선반핵평화위원회'가 울란바토르 GPPAC 동북아 회의에 참여할 가능성이 있었지만, 결국 무산되었다.

2011년 3월 베이징에서 개최된 GPPAC 회의에는, 북한의 '조선평화옹호전국민족위원회(Korean National Peace Committee)'의 구성원이 참여하면서,[30] GPPAC을 매개로 한 동북아 평화프로세스를 상상할 수 있게 되었다. 또한 베이징 회의에서는 동북아의 또 다른 핵 문제로 부상한 일본 원전사고에 대한 논의가 이루어지기도 했다. 그리고 2015년 6월 북한의 조선평화옹호전국민족위원회가 참여하면서 민간차원('track-2')

---

[30] 조선평화옹호전국민족위원회는, 1949년 3월 북한이 세계평화대회에 참여하는 것을 계기로 만들어졌다. 북한이 세계평화운동에 참여하는 과정과 그 이후 평화와 통일을 등치시키는 개념의 변용을 수행하는 방식에 대해서는 구갑우, 「북한 소설가 한설야(韓雪野)의 '평화'의 마음 (1), 1949년」, 《현대북한연구》, 18: 3(2015) 참조.

의 울란바토르 프로세스가 시작되었다.[31] 핵 문제를 매개로 북한에서 시민사회의 형성을 촉진할 수 있는 국제적 계기가 마련된 것이다.

GPPAC 동북아의 활동은, 1970년대 중반의 유럽의 평화 과정의 의도하지 않은 결과였지만 소련 및 동유럽 시민사회의 재활성화를 야기했던 헬싱키 프로세스와 같은 '울란바토르 프로세스'를 상상하게 한다. 유럽의 변방이지만 냉전체제의 경계에 위치했던 핀란드의 헬싱키가 평화 과정의 상징이었던 것처럼, 동북아에서도 몽골의 울란바토르는 강대국정치에서 어느 한편에 경도되지 않고 평화 과정을 중재할 수 있는 상징적 장소다. 몽골이 비핵지대 국가라는 점도 평화의 동북아를 설계하는 데 유용한 지침이 될 수 있다. 몽골 정부도 북한과의 대화를 위해 GPPAC와 적극적으로 함께 하려 하고 있다. 몽골은 1996년부터 진행된 '동북아 제한적 비핵지대화 회의(LNWFZ-NEA: Limited Nuclear Weapons Free Zone for Northeast Asia)'에도 참여했을 뿐만 아니라, 6자회담을 유치하기 위해 노력하고 있고 2007년에는 북한과 일본의 6자회담 실무그룹 회의가 몽골에서 개최되기도 했다. 중국이 독점하고 있는 6자회담의 장소를 울란바토르로 옮기고, 6자회담을 동북아와 한반도의 평화 과정으로 재정의하는 울란바토르 프로세스를 생각해보자.

헬싱키 프로세스의 의제는 정치군사적 신뢰 구축, 경제협력, 인도주의적 협력의 세 가지였다. 2003년부터 개최된 6자회담에서 주요 의제는 북한의 핵 문제지만, 헬싱키 프로세스와 비슷한 의제들이 담겨 있다. 울

---

31 ≪통일뉴스≫, 2015년 7월 17일 자.

란바토르 프로세스는, 세 의제를 중심으로 동북아의 특수성을 담는 것이어야 한다. 무엇보다도 중요한 의제는 북한을 포함한 동북아에서의 비핵화와 비핵지대화다. 또한 6자회담의 참여국이 전 세계 군사비의 70% 정도를 지출하고 있는 상황에서 동북아와 한반도 핵 문제의 해결은 동북아 군축 및 군비통제와 연계될 수밖에 없다. 더불어 일본 원전 사고와 중국과 베트남의 원전 증설, 한국의 원전 밀집도, 북한의 경수로 개발과 요구 등등을 고려할 때, 동북아 차원의 원자력 협력과 에너지 협력도 의제로 상정되어야 한다. 인도주의적 협력도, 헬싱키 프로세스에서 나타난 것처럼, 인권의 정의를 둘러싸고 논쟁이 제기되겠지만, 동북아 지역의 불균등 발전을 고려할 때 불가피한 의제다. 시민사회의 참여도 국제관계의 민주화와 아래로부터의 글로벌 거버넌스의 형태인 복합적 (complex) 다자주의의 실현을 위해 필요하다.[32] 이하에서는 핵심 의제인 동북아 비핵지대화에 관한 시민사회의 논의를 간략하게 살펴본다.

동북아 시민사회의 핵무기에 관한 입장은, 핵 억지력에 기초한 안보가 군비경쟁과 안보딜레마를 영구화한다는 것이다. 2010년 GPPAC에 참여하는 한국과 일본의 시민사회단체와 '핵감축을 위한 의원 네트워크 (PNND: Parliamentary Network for Nuclear Disarmament)' 한일위원회는, 남북한과 일본이 비핵지대가 되고, 핵국가(nuclear weapon states)인 미국과 중국과 러시아가 소극적 안전보장(negative security assurance)을

---

32 R. O'Brien, A. Goetz, J. Scholte and M. Williams, *Contesting Global Governance*(Cambridge: Cambridge University Press, 2000).

제공하는 동북아 비핵지대화안을 발표한 바 있다. 비핵지대화는 비핵화보다 한 단계 높은 수준으로, 핵무기가 완전히 부재하고 핵무기 사용이 금지된 지역을 지칭한다. 비핵지대화의 국제법적 근거는 NPT 7조와 1975년 유엔총회 결의안 3472B다. 비핵지대화의 정확한 의미는 비핵무기지대로 핵무기의 감축과 철폐를 지향하지만 그것을 전제하지 않고 있다는 점에서 한계를 지니지만 핵무기 없는 지역을 만들려 한다는 점에서 현실성을 고려한 정책 대안이라고 할 수 있다. 현재 존재하는 비핵지대 조약들은, 첫째, 비핵지대 내에서 핵무기 개발, 실험, 제조, 생산, 취득, 소유, 저장, 수송, 배치 등을 금지하고 둘째, 비핵지대에 대한 핵무기 공격과 공격 위협을 금지하는 기본적인 요소들을 공유하고 있다. 또한, 각각의 조약들은 비핵지대를 유지하기 위한 조약기구들도 두고 있다. 이 기구들은 지역 수준에서 다자안보협력을 가능하게 하는 효과가 있다고 평가되고 있다.[33]

6자회담의 재개와 이 회담의 울란바토르 프로세스로의 승화를 위해서는 무엇보다도 행위자들의 인식 전환이 있어야 한다. 일본 원전 사고

---

[33] 현재 세계에 존재하는 비핵지대와 그것을 뒷받침하는 조약은 다음과 같다: 틀라텔롤코 조약과 중남미 비핵지대(1967년), 라로통가 조약과 남태평양 비핵지대(1985년), 방콕 조약과 동남아시아 비핵지대(1995년), 필린다바 조약과 아프리카 비핵지대(1996년), 파라친스트 조약과 중앙아시아 비핵지대(2006년). 그리고 개별 국가로는 몽골과 뉴질랜드가 비핵지대를 선포한 상태다. 비핵지대의 정치학에 관한 글로는, A. Acharya and J. Boutin, "The Southeast Asia Nuclear Weapon-Free Zone Treaty," *Security Dialogue*, 29: 2 (1998); J. Redick, "The Tlatelolco Regime and Nonproliferation in Latin America," *International Organization*, 35: 1(1981) 참조. 비핵무기지대에 관한 이론적 실증적 정리로는, 우메바야시 히로미치, 『비핵무기지대: 핵 없는 세계로 가는 길』, 김마리아 옮김(서울: 서해문집, 2014).

는 핵무기 및 핵 발전이 야기할 수 있는 위협을 행위자들이 현실로 인식하게끔 하는 한 계기다. 즉 동북아 국가와 시민사회가 각자 자신들만의 이익을 추구하게 된다면, 결국 그 이익마저 감소되는 딜레마의 상황뿐만 아니라 파국을 맞이할 수도 있다는 신호다. 동북아 차원의 협력은, 선택이 아닌 필수다. 그렇다면 어떻게 협력의 길을 갈 수 있을 것인가. 동북아 국가들, 국가와 시민사회, 시민사회들의 의사소통과 대화는, 경험적으로 입증된 것처럼, 협력의 길로 가게 하는 유일한 방법이다. 6자 회담이나 GPPAC 동북아는 그 의사소통과 대화의 장들이다. 몽골의 정체성은 동북아의 평화 과정을 위한 의사소통의 주제를 제공하고 있다.

참고문헌

1. 국내 문헌

1) 단행본

구갑우. 2008. 『국제관계학 비판: 국제관계의 민주화와 평화』. 서울: 후마니타스.

대북협력민간단체협의회 외. 2005. 『대북지원 10년 백서』. 서울: 늘품.

박경서·서보혁. 2012. 『헬싱키 프로세스와 동북아 안보협력』. 파주: 한국학술정보.

서보혁. 2011. 『코리아 인권: 북한 인권과 한반도 평화』. 서울: 책세상.

멜리센, 얀(Jan Melissen) 엮음. 2008. 『신공공외교: 국제관계와 소프트 파워』. 박
　　종일·박선영 옮김. 고양: 인간사랑.

우메바야시 히로미치(梅林宏道). 2014. 『비핵무기지대: 핵 없는 세계로 가는 길』.
　　김마리아 옮김. 파주: 서해문집.

일리, 제프(Geoff Eley). 2008. 『The Left, 1984~2000』. 유강은 옮김. 서울: 뿌리
　　와이파리.

2) 논문

구갑우. 2015. 「북한 소설가 한설야(韓雪野)의 '평화'의 마음 (1), 1949년」. ≪현
　　대북한연구≫, 18: 3.

구갑우·최완규. 2011. 「북한의 동북아 지역정책」. 이수훈 엮음. 『북한의 국제관
　　과 동북아 질서』. 파주: 한울.

이무철. 2011. 「'북한 인권 문제'와 북한의 인권관: 인권에 대한 북한의 시각과 정
　　책에 대한 비판적 평가」, ≪현대북한연구≫, 14: 1.

정계현. 2010. 「남북협력사업에 대한 북한의 수용범위 연구」. 북한대학원대학교
　　석사학위논문.

정현곤. 2008. 「남북 민간 교류운동」. 참여연대 평화군축센터 엮음. 『2008 평화백
　　서』. 서울: 아르케.

최완규·구갑우. 2010. 「동북아 시민사회 네트워크의 북한 문제 관여」. 이수훈 엮

음. 『동북아 질서 재편과 북한의 정치경제적 변화』. 파주: 한울.

최봉대·구갑우. 2006. 「북한의 도시 '장마당' 활성화의 동학」. 최완규 편. 『북한
　　도시의 위기와 변화』. 파주: 한울.

3) 기타

≪통일뉴스≫. 2015.7.17.

2. 북한 문헌

1) 단행본

김일성. 1982. 『통일전선사업에 대하여』. 평양: 조선로동당출판사.

엄국현. 2007. 『6·15시대 통일운동의 과제』. 평양: 평양출판사.

2) 논문

김금남. 2007. 「미제의 ≪인권옹호≫론의 반동성과 허황성」. ≪김일성종합대학
　　보(철학, 경제)≫, 3.

김완선. 2006. 「미제국주의자들이 떠드는 ≪인권≫소동의 반동성」. ≪정치법률
　　연구≫, 3.

김정일. 1997. 「인민대중중심의 우리 식 사회주의는 필승불패이다」. 『김정일 선집
　　11』. 평양: 조선로동당출판사.

남희웅. 2008. 「주체사상의 근본원리는 통일전선리론의 사상리론적기초」. ≪철학
　　연구≫, 2.

량봉선. 2010. 「제2차 세계대전후 아프리카나라들에 대한 미제국주의자들의 ≪원
　　조≫와 그 반동성」. ≪김일성종합대학보(역사, 법학)≫, 4.

리광혁. 2010. 「제국주의자들의 ≪인권옹호≫궤변의 반동적본질」. ≪정치법률
　　연구≫, 3.

림동춘. 2007. 「미국은 세계최대의 국제인권범죄자」. ≪김일성종합대학보(력사,
　　법학)≫, 4.

시분진. 2007.「경제≪원조≫를 통한 미국식 ≪민주주의≫ 전파책동의 반동성」. ≪정치법률연구≫, 3.

엄성남. 2006.「미국은 다른 나라 인민들의 생존권을 말살하는 인권범죄국가」. ≪정치법률연구≫, 4.

장철민. 2002.「'시민사회'론의 반동성」. ≪철학연구≫, 1.

조성근. 1998.「인권의 본질」. ≪철학연구≫, 3.

한영서. 2010.「인권보장과 관련한 국제법적제도에 대한 리해」. ≪김일성종합대학보(력사, 법학)≫, 4.

3) 기타

『조선말사전』. 2004. 평양: 과학백과사전출판사.

『조선민주주의인민공화국 대회관계사 1』

조선중앙통신. 2009.5.10.

≪천리마≫. 1985.6.

3. 외국 문헌

1) 단행본

Keane, John. 1988. *Democracy and Civil Society*. London: Verso.

Kaldor, Mary. 2003. *Global Civil Society: An Answer to War*. Cambridge: Polity.

Lenin, V. 1962. *Lenin Collected Works 12*. Moscow: Foreign Language Publishing House.

O'Brien, R., A. Goetz, J. Scholte and M. Williams. 2000. *Contesting Global Governance*. Cambridge: Cambridge University Press.

Stalin, J. 1973. *The Essential Stalin: Major Theoretical Writings 1905-1952*. London: Croom Helm.

2) 논문

Acharya, A. and J. Boutin. 1998. "The Southeast Asia Nuclear Weapon-Free Zone Treaty." *Security Dialogue*, 29: 2. pp. 219~230.

Pelczynski, Z. A. 1988. "Solidarity and 'The Rebirth of Civil Society' in Poland, 1976-81," in J. Keane ed. *Civil Society and the State: New European Perspective*. London: Verso

Redick, J. 1981. "The Tlatelolco Regime and Nonproliferation in Latin America." *International Organization*, 35: 1.

제5장

북한의 핵 고도화 전략과 한반도 평화체제

김갑식

1. 문제제기

현재 한반도 정세의 불확실성은 그 어느 때보다도 높다. 북한의 지속
적 핵·미사일 도발로 인한 국제사회의 강한 제재로 동북아의 긴장이 고
조되고 있다. 그리고 이 악순환 과정에서 역내 국가들은 전략적 딜레마
에 빠져 있는 것 같다. 한국에서는 한반도신뢰프로세스와 동북아평화
협력구상 등이 근본적 위기에 봉착했고, 미국은 한반도에서의 동맹 관
리를 위해 더 많은 자원을 투자해야 하는 환경에 직면했으며, 중국은 북
중관계에 대한 근본적 고민을 해야 하는 상황에 이르렀다. 문제는 한·
미·중이 기존 정책을 수정하기가 그리 쉽지 않고 수정하더라도 시간과
자원이 많이 들기 때문에 이러한 간극을 활용하여 북한은 핵 고도화를
더 높은 수준으로 끌어올리려 한다는 점이다. 이미 북한의 핵 고도화 수

준은 상당하며, 그만큼 한국의 외교안보 위협 수준은 높다고 하겠다.

한반도 위기지수가 상승하는 국면에서 북핵 문제 해법에 대한 각국의 입장은 상이하다. 한·미·일은 기본적으로 '비핵화-제재' 프레임을, 북한은 '평화협정-핵군축' 프레임을, 중국은 '비핵화-평화협정' 프레임을 주장하면서, 각종 프레임이 대립하거나 혼재되어 있는 상황이다. 북한은 중재안이라고 할 수 있는 중국의 프레임조차도 공식적으로 거부하고 있고, 이에 국제사회의 대북 제재는 그 어느 때보다도 강력하게 진행되고 있어 남북관계 경색 및 제재 국면이 장기화될 수도 있다. 북한의 핵 도발 위험성은 한층 증가하고 있고 이에 북한 도발, 대북 제재, 북한 도발, 제재 강화 등의 악순환 구도가 고착화될 수도 있다.[1]

이러한 국면에서 이 장은 글로벌 거버넌스의 시각에서 한반도 평화체제가 북핵 문제와 어떠한 연관성을 가져야 하며 그 구축 과제는 무엇인가를 분석하는 것이다. 일반적으로 평화체제와 비핵화는 세 가지 경로를 생각할 수 있다. 첫 번째는 비핵화가 이루어져야 한반도 평화체제가 가능하다는 '선 비핵화 후 평화체제' 경로이다. 두 번째는 한반도 평화체제가 달성되어야 북한의 비핵화가 가능하다는 '선 평화체제 후 비핵화' 경로이다. 그리고 세 번째는 두 가지가 같이 진행될 수 있다는 병행적 경로이다. 이 장에서는 북한의 핵 고도화 전략의 내용과 한반도 평화체제 구축을 위해서는 어떠한 경로를 상정하면서 추진 과제를 고민해

---

1 정성윤, 「남북관계 전망 및 대책: 제재 국면에서의 한국의 전략적 고려사항을 중심으로」, (미발간) 참조.

야 하는지에 대해 분석할 것이다.

2. 북한의 핵 고도화 전략

지난 20~30년 동안 북한과 한반도를 둘러싼 통일 환경은 매우 많이 변했고 이에 따라 김정은 정권의 대응도 김정일 정권과는 다르다. 먼저 북한의 3대 혁명역량이 전반적으로 퇴조하였다. 북한은 심각한 경제난에서 벗어나지 못하고 있고 1980년대 말 사회주의권이 붕괴하고 동독이 흡수통일 당하는 등 국제적 역량이 크게 약화되었다. 반면 한국은 경제 발전과 민주화를 이루어 반미·반정부운동이 축소되었다. 둘째, 한국의 적극적 통일준비사업 추진에 따른 북한의 반발이 극심하다. 박근혜정부는 적극적 통일 의지를 표명하며 통일 공감대 확산에 만전을 기울이고 있다. 이에 북한은 흡수통일론(제도통일) 시비로 남북 간 통일 공감대는 후퇴하는 역설이 나타나고 있다. 셋째, 미중 간 아시아에서 '지역적' 갈등이 구조화되고 주변국의 현상 유지 정책이 흔들림이 없다. 북한의 무모한 도발과 이에 대한 국제 제재로 '한반도(북한)문제의 국제화'가 심화되고 있다. 이러한 악순환 과정에 대해 주변국들은 한반도 통일의 불확실성 및 지역의 현상 변경 우려로 통일에 대해 미온적 태도를 유지하고 있다.

한편, 2009년 김정은의 후계자 지명 전후로 북한은 김정일식 북핵협상에 대해 전면적 검토에 돌입했다. 북한은 2008년 6자회담 결렬 이후 미국의 전략적 인내정책에 따른 북핵 무시, 한국 정권 교체에 따른 남북합의 실효성 약화, 이라크·리비아 정치 변동 등을 보면서 북핵 전략을 전환하였다. 여기에 후계정권 안정화 필요성도 가미되었다. 그 결과 북핵 협상을 '협상을 통한 확산'에서 '확산을 통한 협상'으로 전환하였다. 협상을 해보다 안 되면 핵 활동을 재개하고 이후 다시 협상장에 돌아오던 방식에서, 단기간에 핵 능력을 증강시킨 후 추가 핵 능력의 보상(?) 단가를 높이는 방식으로 변경한 것이다.[2]

이에 김정은 정권의 대남·통일정책 중심축도 이동했다. 김일성 시대에는 적화통일을 추구했다. 김정일 시대에는 경제협력을 추구했으며, 김정일은 대남전략에서 '우리민족끼리'를 강조하며 핵 문제는 북미 간 문제로만 접근했다. 그런데 김정은 시대에는 핵 위협 도발을 감행하고 있으며, 김정은은 대남 핵 재난과 핵전쟁을 위협하며 미국과의 관계 개선뿐만 아니라 남북관계에 활용(군사훈련 중단, 체제통일 포기 등)하려는 의지를 보이고 있다.[3] 이러한 전략을 핵그림자전략(nuclear shadow strategy)이라 한다. 이 전략을 바탕으로 무력 도발과 평화 공세를 동시 병행하는 것이다.[4] 흐루시초프의 전략인 핵전쟁 위협과 평화공존론과 유사한 강온 양면책이라 할 수 있다. 김정일 정권에서 대남도발 이후 유화정책으로 이동하는 순차적 강온정책을 구사했다면, 김정은 정권에서

---

2 김근식, 「김정은 시대 북한의 대외전략 변화와 대남정책: '선택적 병행' 전략을 중심으로」, ≪한국과 국제정치≫, 제29권 제1호(2013) 참조.

3 통일연구원, 『김정은 시대 북한의 핵 보유 및 대남정책』(2014.5.28) 참조.

4 김태우, 「핵그림자 전략과 3축체제」, 송영선 국회의원 주최 정책토론회 발표문(2011.3.8) 참조.

는 대화 공세를 하면서 동시에 무력 도발을 하는 강온 병행정책으로 전환한 것이다.

북한은 2013년 3월 31일 당중앙위원회 전원회의에서 김정은 시대의 국가발전전략인 경제 건설과 핵 무력 건설을 동시에 발전시키는 이른바 '경제·핵 무력 병진노선'을 제시하였다. 전원회의는 '현 정세와 발전의 요구에 맞게 결정적 전환을 이룩하기 위한 당의 과업에 대하여'라는 의제에 대해 '경제 건설과 핵 무력 건설을 병진시켜 강성국가 건설을 앞당겨 나갈 데 대하여'라는 결정서를 채택하였다.[5] 김정은은 이 보고에서 경제·핵 무력 병진노선을 '조성된 정세의 요구'와 '혁명발전의 합법칙적 요구'라고 주장하였다. 여기서 조성된 정세는 2012년 12월 인공위성 발사 이후 유엔안전보장이사회의 제재 결의, 제3차 핵실험 단행, 정전협정의 백지화 선언, 북미·남북의 치킨게임 국면을 의미하는 것으로 풀이된다. 혁명발전의 요구는 핵 무력을 통한 전쟁억지력의 강화, 전쟁억지력에 기초한 경제 발전 역량 집중, 그 결과로서 사회주의 강성대국 건설 등을 의미하는 것으로 해석된다.

첫째, 경제·핵 무력 병진노선은 동북아시아 전략적 환경의 변화에 대한 북한의 대응적 성격이 강하다고 할 수 있다. 중국의 부상과 미중 경쟁의 증대는 북한으로 하여금 미국 이외에도 중국이라는 대체재를 활용

---

5 전원회의는 구체적 과업으로 △인민경제 선행부문과 기초공업부문의 생산력 증대, 농업과 경공업에 대한 역량집중을 통한 단기간 내 인민생활 안정 △자립적 핵동력공업 발전 및 경수로 개발사업 추진 △우주과학기술발전을 통한 통신위성 등 발전된 위성들을 개발 발사 △지식경제로의 전환과 대외무역의 다각화·다양화를 통한 투자활성화 △핵 무력의 법적 고착과 세계 비핵화가 실현될 때까지 핵 무력의 질량적인 확대 강화 등을 명시하였다.

할 수 있다는 인식을 강화시키게 되었다. 중국의 부상과 더불어 미중관계는 협력과 갈등의 이중성이 지속되고 있다. 오바마 행정부의 아시아 중시정책은 아시아 재균형전략으로 현실화되고 있으며, 중국이 공세적 대외 전략으로 맞서고 있어 미중관계의 대립 양상이 점차 구체화되고 있다. 북한은 2013년 신년사에서 이례적으로 "한반도를 포함한 아시아 태평양지역은 항시적인 긴장이 떠도는 세계 최대의 열점지역으로 되고 있다"고 언급, 미·중 간 패권 경쟁을 주목하고 있다. 북한은 이러한 상황 인식하에서 미국과 중국, 그리고 한국 사이에서 극대화된 이익을 추구하는 전략적 선택을 할 수 있다고 판단한 듯하다.

둘째, 북한은 발칸반도와 중동 지역 나라들의 정치 변동을 평가하면서 서방국가들의 '회유'에 따른 전쟁억제력 포기보다는 핵 보유 당위성을 강조하였다. 김정은은 3월 31일 전원회의 보고에서 "대국들을 쳐다보면서 강력한 자위적 국방력을 갖추지 못하고 제국주의자들의 압력과 회유에 못 이겨 이미 있던 전쟁억제력마저 포기했다가 종당에는 침략의 희생물이 되고만 발칸반도와 중동 지역 나라들의 교훈을 절대로 잊지 말아야 한다"고 강조하면서 리비아의 카다피 정권 몰락 사례를 종종 언급하였다.[6]

셋째, 김정은 권력 승계 정당화를 위한 정책적 업적과 이를 위한 마스터플랜이 필요하였다.[7] 후계자가 승계의 정당성을 확보하려면 당면한

---

6 ≪로동신문≫, 2013년 4월 2일 자. "핵무기가 세상에 출현한 이후 근 70년간 세계적 규모의 냉전이 오랜 기간 지속되고 여러 지역에서 크고 작은 전쟁들도 많이 있었지만, 핵무기 보유국들만은 군사적 침략을 당하지 않았다."

7 세습권력이 승계에 성공하려면 '승계의 정당화'와 '승계의 제도화'가 필요함. 승계의 정당화는 북한 주민들의 지지를 획득할 수 있는 새 지도자의 정치사상적 정통성뿐만 아니라

국가적 과제를 순조롭게 해결할 수 있는 능력을 갖고 있어야 한다. 김정일이 후계자로 지명된 1970년대에는 대내외적으로 큰 어려움이 없던 시기였으므로 당시의 국가적 과제는 유일지배체제를 구축하기 위한 정치사상적 차원의 문제들이었다. 현재 북한은 대외적으로 고립되어 있고 대내적으로 경제적 침체에서 벗어나지 못하고 있다. 따라서 당면한 국가적 과제는 안보와 경제인데, 특히 경제난을 극복하여 인민생활 향상을 위한 정책 성취를 통해 승계의 정당화를 확보해야 할 것이다. 이런 맥락에서 김정은은 2013년 3월 전원회의 보고를 통해 정책적 업적 달성을 위한 새로운 전략노선을 제시한 것이다.

북한은 경제·핵 무력 병진노선이 "급변하는 정세에 대처하기 위한 일시적인 대응책이 아니라 북한의 최고 이익으로부터 항구적으로 틀어쥐고 나가야 할 전략적 노선"이라고 주장하였다. 일단 "자위적 핵 무력을 강화 발전시켜 나라의 방위력을 철벽으로 다지면서 경제 건설에 더 큰 힘을 넣겠다"는 것이다. 북한은 경제·핵 무력 병진노선을 통해 핵 무장력을 질적·양적으로 강화하여 미국의 대북 공격 가능성을 저지하고, 핵 무장력으로 한반도의 전쟁억지력을 상당 부분 발휘해 추가적으로 투자되어야 할 국방비를 인민경제로 전환하겠다는 입장인 것으로 풀이된다. "핵무장을 늘려 방위력을 확충하고, 추가적인 재래식 군비 지출 없

새 지도자의 정책적 업적을 요구함. 승계의 제도화는 새 지도자에게 충성심을 가진 새로운 간부들을 북한의 권력구조에 배치시켜 이들로 하여금 새 지도자의 권력기반을 제도적으로 구축할 것을 필요로 한다. 김갑식, 『김정은 정권 출범의 특징과 향후 전망』(서울: 국회입법조사처, 2013) 참조.

이 경제 건설에 집중"하겠다는 것이다.[8] 북한은 병진노선이 "아태지역의 평화와 민족의 부강번영을 담보할 수 있는 가장 정당한 혁명적 노선"이라고 주장하면서 끝까지 관철해나갈 것을 강조하였다.

2013년 4월 1일 북한 최고인민회의는 "자위적 핵보유국의 지위를 더욱 공고히 할 데" 관련 법령을 채택하였다. 북한은 핵 억제력과 핵 보복 타격력을 질량적으로 강화하겠다고 선언했고, 핵 군비경쟁을 반대하고 핵 군축을 위한 국제적인 노력을 지지하겠다고 주장하였다. 2012년 헌법 전문에 핵보유국 지위를 명기한 데 이어 핵 보유를 국내법으로 '영구화'하는 조치를 취한 것이다. 그리고 2013년 3월 전원회의 이후 북한은 대외적으로 경제·핵 무력 병진노선 및 핵 보유에 대한 정당성 등을 지속적으로 주장하였다.

이처럼 북한은 핵무기 고도화를 통한 핵국가 지위 강화를 최우선 전략목표로 설정하고 있다. 김정은 정권은 핵무기 포기가 국가 및 정권의 생존을 궁극적으로 보장해주지 않는다는 전략적 판단을 고수하고 있는 것이다. 김정은 정권은 '책임 있는 핵보유국'으로서 소위 P5 국가들처럼 비확산의무를 수행하겠다고 주장한다. 북한은 향후 비확산 의지와 능력을 국제사회에 알리기 위해 핵 통제 시스템의 수준 및 핵 운영 전략을 좀 더 구체적으로 그리고 지속적으로 선전할 것으로 예상된다. 그리고 핵외교정치에서 '핵 군축'을 주요 전략적 노선으로 채택할 것이다. 마침내 북한은 '도발-제재' 악순환 과정에서 중국과 러시아의 우군화를 통한

---

8 http://blog.daum.net/oursociety/121(검색일: 2013.5.10).

남방 대 북방 삼각구도를 복원함으로써 운신의 폭을 확대하려 할 것이다.

3. 한반도 평화체제 구축 경로[9]

전문가 사이에서 한반도 평화체제의 상에 대한 합의가 좀처럼 이루어지지 않고 있다. 이 장에서는 비핵화 프로세스와 한반도 평화 프로세스의 두 가지 경로를 구분했다. 즉, 한반도 평화 프로세스는 비핵화 프로세스와 구조적으로 연동되어 있으면서도 구별된 성격을 보유한다고 전제한 것이다. 이에 비핵화 프로세스의 단계를 북핵 시설 동결-중단-봉쇄-불능화 등으로 상정했다. 그리고 한반도 평화 프로세스는 단계적 과정으로 불능화 단계의 소극적 비핵화 수준과 이를 가능케 하는 평화협정 체결 및 4자 정상회담 등을 고민했다.

북한의 핵 고도화 전략은 지속적 핵·미사일 도발과 병진노선의 국가전략화 등으로 미루어 볼 때 구조적 상수로 인식하는 것이 합리적이다. 특히 북한은 핵 운반 수단의 다양화와 정밀화 차원에서 자신의 미사일 능력을 강화해나가고 있다. 북한이 현재 보유 중인 지대지 탄도미사일 종류는 단거리, 중거리, 무수단, 대포동 등 크게 네 가지다. 그리고 잠수함발사탄도미사일(SLBM)의 성능과 능력을 향상시키려 하고 있다. 북한이 궁극적으로 일정한 수준의 핵 고도화 수준에 도달했다고 판단할 때,

---

9 김갑식·이수형 외, 『2030 북한변화 시나리오』(서울: 통일연구원, 근간) 요약 발췌.

그들은 역으로 평화공세와 핵군축회담을 공세적으로 제의할 것이다. 북한의 끊임없는 핵·미사일 도발은 자신의 안보 능력을 증강하고 이에 기반해 향후 미국과의 핵군축회담을 이끌어내기 위한 전략적 계산이 깔려 있는 것이다.

앞에서 지적했듯이, 중국은 현 대북 제재 국면에서 '한반도 비핵화와 평화협정 체결' 병행 프레임을 제시했다. 이에 미국은 '선 비핵화, 후 평화협정' 프레임을 견지하면서도 상황에 따라 비핵화와 평화협정을 병행할 수 있는 여지를 남겨놓고 있다. 물론 북한은 중국의 병행론에 응답하지 않으면서 '선 평화협정 후 비핵화' 프레임을 주장하고 있고, 한국은 '대북 제재 유지와 선 비핵화' 프레임을 견지하면서 평화협정에 대해 부정적 입장을 보이고 있다.[10] 하지만 최근 미국과 북한은 상대방의 입장을 경청하고 자신의 입장을 전달하는 모임을 가지기도 하였다.

아마도 한반도 평화 프로세스는 북한이 일정한 핵 고도화를 달성했다고 생각하고 미국의 차기 행정부를 겨냥하여 핵모라토리움을 선언하면서 시작될지도 모른다. 미국의 차기 행정부는 기존 프레임을 견지하면서도 북한의 이러한 유화적 조치에 탐색적 차원에서라도 응할 수 있다. 물론 양국 간 입장 차이가 존재하기 때문에 섣부른 합의 전망은 어렵다 하더라도 양국의 상황 변화에 따라 평화체제 협상 논의의 서막이 열릴 수 있을 것이다. 2018년 한국에 새 정부가 들어서고 북미 간 탐색

---

10 이종석, 『북한 비핵화와 평화협정: 논의 배경·역사·전망·대응방향』, 세종연구소 정책 브리핑(No. 2016-10), 1~21쪽.

대화에서 일정한 성과가 있다면 중국의 비핵화-평화협정 병행 프레임과 비슷한 방향으로 각국의 주장은 수렴될 가능성이 높고, 이에 6자회담이 재개되어 한반도 평화체제에 대해 본격적으로 논의할 것이다.

그런데 재개된 6자회담은 9·19공동성명과 북한의 핵 고도화 수준에서 출발할 것이다. 그리고 6자회담을 통해 최소한 북핵 동결을 위한 공식적이고 가시적 조치가 이루어진다면 평화협정 프로세스가 가동될 수 있다. 이는 9·19공동성명에 따라 남·북·미·중 4자 외교장관회담을 개최하여 가칭 '한반도 평화포럼'을 출범시킴으로써 진행될 것이다. 한반도 평화포럼에서는 각 당사자 간 쟁점이었던 평화관, 평화협정 당사자, 평화협정 내용, 평화체제 구축 과정, 주한미군 철수 문제, 유엔사 문제, 평화보장관리 문제 등이 정리될 것이다.[11]

그러나 한반도 평화 프로세스 추진 과정에서 북한은 다양하고 추가적인 보상을 요구할 가능성이 높고 그러면 협상 진전이 쉽지 않을 수도 있다. 이러한 점을 염두에 둔다면 참여 당사자들 간 상호 신뢰를 증진시키고 협상의 모멘텀을 유지하기 위해 평화협정 체결 이전에 이행조치를 체결할 수도 있다. 이행조치는 평화협정 체결을 위한 중간 단계의 조치로 국제법적 효력을 지닐 수 있도록 추진한다. 이행조치의 핵심은 평화협정의 잠정 조치로 현 정전협정은 유지하되 사실상의 종전을 선언하여 정전관리기구를 평화관리기구로 전환하는 것이다. 그런 연후에 북한의

---

11 한반도 평화체제 쟁점에 대한 자세한 설명은 김갑식, 「동북아 평화 거버넌스와 북한의 대응: 한반도 평화체제를 중심으로」, 『글로벌 거버넌스와 북한의 정치경제』(서울: 한울, 2016) 참조.

불능화 조치가 완료되고 북미 정상화와 남북 간 군사적 협력이 일정 수준 진전된다면 소극적 평화체제의 최종점이라 할 수 있는 평화협정 체결이 가능해질 것이다.

4. 한반도 평화체제 구축을 위한 전략과제[12]

우리 정부가 한미동맹을 유지하면서 다자협력 흐름에 부응하고 한반도 평화체제를 구축하기 위한 전략 과제는 역내 여러 행위자들의 이익의 충돌을 피하는 점진적이고 현실적인 것이어야 한다. 여기서는 한미동맹의 기축 위에서 협상전략 모색, 호혜적인 한미 전략동맹 발전, 한중 전략적 협력동반자 관계의 실질화, 한반도의 평화관리와 통일외교 추진, 다자적 지역협력체제 구축 등의 과제를 제시한다.

첫째, 미중 간 갈등과 협력의 이중주를 보이고 있는 동아시아 질서에 대해 동맹전략에 의존해왔던 국가전략에 더해 '가교외교론' 등과 같은 협상(entente)전략을 모색해야 한다. 안보 면에서는 한미관계가 중요하지만 경제 면에서는 한중관계가 중요해지고 있는 우리로서는 동맹에 과도하게 의존하지 않으면서 중국과 앙탕트 관계를 유지할 수 있는 전략을 고민해야 한다. 향후 우리에게 요구되는 것은 해양전략이냐 대륙전

---

12 장달중·김갑식, 「21세기 동아시아 질서와 국가이익의 재구성」, 『21세기 한국외교와 국가이익』(서울: 사회평론, 2012) 요약 발췌.

략이냐 하는 양자택일의 문제가 아니라, 어떻게 이러한 이분법적 대립을 극복하는 전략을 마련할 것이냐의 문제이다. 여기서 동맹과 균형의 미래는 미중관계에 의해 그 선택지가 결정될 가능성이 높지만, 우리에게 최적의 선택은 북한은 물론 중국까지 적과 위협으로 설정하는 방향이 아닌 새로운 차원으로 재편하는 것이다. 특히 우리가 주도하는 한반도 평화체제는 동북아에서 미중이 협력을 지속할 수 있는 하나의 공공재일 수 있다. 그리고 한반도 방위는 한국이 담당하고 지역적 문제에 대해서는 동맹의 역할을 강화하는 이른바 복합동맹으로의 방향 전환도, 세력균형 정책으로부터 앙탕트적인 다자주의로의 이행을 촉발할 수 있다.

둘째, 한미동맹을 호혜적으로 발전시켜야 한다. '한반도 리스크'가 상존하는 상황에서 한반도의 안보와 평화, 지속적인 경제성장을 위해서는 한미동맹이 필수 불가결하다. 특히 북핵 문제와 역내 힘의 이동이라는 불안정한 정세에 대처하기 위해서는 한미동맹이 우리 외교안보에 필수적인 요소이다. 그러나 미국의 세계전략과 우리의 생존전략 간의 차이에 대한 올바른 상호 인식이 전제되지 않은 한미관계는 결코 바람직하지 않다. 미묘하고 복잡한 동아시아 질서와 한미동맹 일변도 전략은 충돌할 수 있기 때문이다. 우리가 앙탕트적 전략을 실현하기 위해서는 한미동맹에 대한 새로운 상상력이 요구된다는 것이다. 동아시아의 안전과 평화와 번영, 그리고 민주주의적 가치가 지켜지는 질서에 부합하는 성숙한 동맹은 미국을 추종하는 형태가 아니라 서로 간에 영향을 줄 수 있는 그러한 협력관계에 토대를 둔 동맹을 의미할 것이다. 우리의 이니셔티브에 미국이 따라오는 형태의 파트너십을 구축하여 여러 면에서 우리의 역할을 강화할 필요가 있다. 우리는 장기적으로 한반도에서 평화와 안전을 담보하는 억지력으로서 효과를 발휘할 수 있도록 동맹에 대한 신뢰관계를 심화시켜야 할 것이다.

셋째, 한중 간 공통이익에 착목한 양국관계를 확대·발전시켜야 한다. 현재 한중관계는 정랭경열(政冷經熱)이라는 역설적인 상황에 처해 있다. 우리의 기술과 중국의 제조업이 분업형태의 보완관계를 이루면서 중국과의 교류가 우리 무역에서 차지하는 비중이 30%를 넘어서고 있다. 그러나 북핵·사드 문제, 영토 문제 등에서 볼 수 있듯이, 아직 해결해야 할 정치군사적 난제들을 안고 있다. 따라서 우리의 대중 전략은 경제적 상호의존은 높아지고 있으나 정치군사적 긴장 상태가 발생하고 있는 역설적인 현실의 극복이 최우선 과제이다. 기술 격차를 넓혀 각 분야에서 중국을 계속 리드하는 전략이 필요하고, 이를 통해 상호의존을 군사·안보 면까지 확산시키는 전략을 모색해야 한다. 특히, 한중관계의 발전을 위해서는 양국 간 신뢰를 쌓는 작업을 서둘러야 한다. 우리 사회에는 반중 감정의 목소리와 한중 협력의 목소리가 갈등·경쟁하고 있다. 우리의 대중정책은 이런 흐름들을 고려하면서 합리적인 국익 추구와 감정적인 여론 사이의 간극을 메울 수 있는 방향으로 전개되지 않으면 안 된다.

넷째, 북핵 문제의 해결과 한반도 평화체제 구축은 반드시 동북아 다자간 협력과 함께 고민하고 이루어져야 한다. 한반도 평화체제의 구축 없이 북핵 문제의 해소는 불가능하며 동북아의 평화 없이 한반도 평화는 불가능하기 때문이다. 동북아의 안보 불안정으로 인해 지역 국가들이 군비경쟁과 군 현대화 작업이 지속된다면 결코 한반도의 안보에 바람직하지 않기 때문이다. 동북아 다자안보협력의 제도화는 동북아의 안정을 도모하며 한반도 평화체제를 조성하고 유지시키는 중요한 촉진제가 될 수 있을 것이다. 현재 동아시아 역내 국가들은 다자안보협력에 대체로 긍정적 입장이다. 중국, 일본, 러시아가 가장 적극적이고 미국은 오바마 행정부 출범 이후 소극적 태도에서 벗어나고 있으며 남한은 그간 적극적 추진 의사를 밝혔으나 이명박 정부에 들어서는 구체적 의견을 제시하지 않고 있다. 다만, 북한도 다자안보협력의 불가피성을 인정하고 있지만 아직까지는 양자관계를 중시하고 있다.[13] 이에 동아시아의 평화와 안정을 위해서는 양자동맹을 병행·보좌하는 다자기구 창설, 양국관계에 다자관계를 동시에 포괄할 수 있는 이중적 협력관계 구축, 양·다자협력의 틀(bi-multilateral cooperation framework) 모색 등 점진적이고 현실적인 방안이 강구되어야 한다.[14] 이래야 동아시아 다자안보와 역내 안정성의 중요한 축인 미국의 참여를 보장하여 미국이 방관자 또는 불개입의 자세를 갖는 것을 견제할 수 있고, 미국의 참여로 대항 파트너인 중국과 러시아의 적극적 참여도 견인하고 북한의 다자안보협력에 대한 우호적 자세도 유도할 수 있을 것이다.[15]

---

13 김갑식, 「동북아 지역 안보 패러다임과 북핵 문제」, ≪통일문제연구≫, 52호(2009), 32~34쪽 참조.

14 김병기·김태형, 「미국의 동북아 다자안보체제 구축 의도와 우리의 대응」, ≪전략연구≫, 36호(2006), 72~73쪽; 이신화, 「동북아안보공동체 구축에 관한 소고」, ≪전략연구≫, 36호(2006), 28쪽.

15 Joseph Nye, "East Asian Security: The Case for Deep Engagement," *Foreign Affairs*, Vol. 74, No. 4(July/August, 1995), p. 95.

다섯째, 한반도 평화체제를 구축하기 위해서는 남북관계의 제도화가 선행되어야 한다. 남북관계 제도화를 위해서는 정치적 신뢰 구축과 민간 교류 활성화가 무엇보다 중요한 실행 과제라고 볼 수 있다. 정치적 신뢰 구축은 남북관계 제도화의 핵심 동력에 해당한다고 할 수 있다. 이런 정치적 신뢰를 구축하기 위한 대화와 소통의 장을 마련하는 것이 중요하다고 할 수 있다. 그리고 정상급 회담이나 고위급 회담에서 합의된 내용에 대해서는 일정하게 존중하고 제도적으로 이행을 보장하는 태도가 필요하다. 또한 남북관계 발전을 위한 실행 과제로 민간 교류 활성화가 요청된다. 민간 교류는 정부 간 공식·비공식 대화를 통한 신뢰 축적이 어려울 때 상호 우회적인 대화 창구 역할을 할 수 있는 통로로 활용될 수 있기 때문이다.

마지막으로, 북핵 위협이 증가할수록 그 위협을 차단하는 데 최우선적인 이해관계를 가진 나라가 가장 심각한 안보 위협에 직면한 한국이라는 것을 잊어서는 안 된다. 즉, 우리가 북핵 위협의 직접적이고 치명적인 당사자라는 것이다. 더 이상 북핵 고도화를 방치해서는 안 된다. 이미 북핵 고도화는 우리의 안보를 심각하게 훼손하고 있다. 한국 정부는 우리의 주도권과 우리의 이해관계가 충분히 반영된 협상 가능한 북핵 해법안과 이에 따른 한반도 평화체제 구축안을 마련하여 그 틀 내에서 한반도 비핵화와 한반도 평화 프로세스 실천 방안을 유연하게 접근해야 할 것이다.

참고문헌

1. 국내 문헌

1) 단행본

김갑식. 2013.『김정은 정권 출범의 특징과 향후 전망』. 서울: 국회입법조사처.
김갑식 · 이수형 외. 근간.『2030 북한변화 시나리오』. 서울: 통일연구원.

2) 논문

김갑식. 2009.「동북아 지역 안보 패러다임과 북핵 문제」. ≪통일문제연구≫, 52호.
_____. 2016.「동북아 평화 거버넌스와 북한의 대응: 한반도 평화체제를 중심으로」.
　　　『글로벌 거버넌스와 북한의 정치경제』. 서울: 한울.
김근식. 2013.「김정은 시대 북한의 대외전략 변화와 대남정책: '선택적 병행' 전략
　　　을 중심으로」. ≪한국과 국제정치≫, 제29권 제1호. 193~224쪽.
김병기 · 김태형. 2006.「미국의 동북아 다자안보체제 구축 의도와 우리의 대응」,
　　　≪전략연구≫, 제13권 제1호 통권 제36호. 71~122쪽.
이신화. 2006.「동북아안보공동체 구축에 관한 소고」. ≪전략연구≫, 제13권 제1
　　　호 통권 제36호. 7~40쪽.
장달중 · 김갑식. 2012.「21세기 동아시아 질서와 국가이익의 재구성」.『21세기
　　　한국외교와 국가이익』. 서울: 사회평론.

3) 기타

이종석. 2016.「북한 비핵화와 평화협정: 논의 배경 · 역사 · 전망 · 대응방향」. 세
　　　종연구소 정책브리핑(No. 2016-10).
정성윤. 미발간.「남북관계 전망 및 대책: 제재 국면에서의 한국의 전략적 고려사

항을 중심으로」.

통일연구원. 2014.『김정은 시대 북한의 핵보유 및 대남정책』(2014.5.28).
http://blog.daum.net/oursociety/121(검색일: 2013.5.10).

2. 외국 문헌

1) 논문

Nye, Joseph. 1995. "East Asian Security: The Case for Deep Engagement,"
    Foreign Affairs, Vol. 74, No. 4(July/August, 1995).

엮은이

윤대규
미국 워싱턴대학교(University of Washington) 법학 박사
경남대학교 서울부총장, 경남대학교 극동문제연구소 소장
주요 저서: 『법사회학』(1997), 『북한 경제개혁을 위한 새로운 패러다임』(2006), 『북한에 대한 불편한 진실』(2013) 외 다수
주요 논문: 「북한 주민의 법의식 연구」(2005), 「주요 국가의 개도국에 대한 법제정비 지원사업」(2008), 「북한사회의 변천과 헌법의 변화」(2010) 외 다수

지은이(가나다순)

구갑우
서울대학교 정치학 박사
북한대학원대학교 교수
주요 저서: 『국제관계학 비판: 국제관계의 민주화와 평화』(2008), 『북한의 국제관과 동북아 질서』(공저, 2011), 『글로벌 거버넌스와 북한의 정치 경제』(공저, 2016) 외 다수
주요 논문: 「녹색평화국가론과 한반도 평화체제」(2010), 「아일랜드섬 평화과정 네트워크의 형태변환」(2013) 외 다수

김갑식
서울대학교 정치학 박사
통일연구원 연구위원
주요 저서: 『한반도 평화체제 거버넌스 활성화 방안』(2007), 『꼭 알아야 할 통일·북한 110가지』(공저, 2011), 『글로벌 거버넌스와 북한의 정치 경제』(공저, 2016) 외 다수
주요 논문: 「남북기본합의서에 대한 북한의 입장」(2011), 「김정은 체제의 특징과 향후 전망」(2012) 외 다수

이무철

중앙대학교 정치학 박사

경남대학교 극동문제연구소 연구교수

통일연구원 프로젝트 연구위원

주요 저서: 『현대북한연구의 쟁점2』(2006), 『북한 체제전환의 전개과정과 발전조건』
(2008) 외 다수

주요 논문: 「북한의 선군정치와 강성대국론」(2007), 「북한의 경제적 분권화 경향과 정
책적 대응」(2006), 「북한의 중앙지방관계: 중국과의 비교」(2005) 외 다수

이수훈

미국존스홉킨스대학교(Johns Hopkins University) 사회학 박사

경남대학교 교수

주요 저서: 『동북아 공동의 미래를 생각한다』(2013), 『한반도 통일론의 재구상』(공
저, 2012), 『글로벌 거버넌스와 북한의 정치 경제』(공저, 2016) 외 다수

주요 논문: 「탈냉전·세계화·지역화에 따른 동북아질서 형성과 남북관계」(2009) 외 다수

최봉대

서울대학교 사회학 박사

경남대학교 극동문제연구소 객원 연구위원

주요 저서: 『글로벌 거버넌스와 북한의 정치 경제』(공저, 2016) 외 다수

주요 논문: 「북한의 국가역량과 시장 활성화의 체제이행론적 의미」(2014) 외 다수

최완규

경희대학교 정치학 박사

신한대학교 탈분단경계문화연구원 원장

주요 저서: 『북한 '도시정치'의 발전과 체제변화』(2007), 『동북아 질서 재편과 북한
의 정치경제적 변화』(공저, 2010), 『글로벌 거버넌스와 북한의 정치 경
제』(공저, 2016) 외 다수

주요 논문: 「북한 체제의 지탱요인 분석: 쿠바 사례와의 비교론적 접근」(2006), 「김
대중 정부 시기 NGO 통일교육의 양극화 현상」(2011) 외 다수

한울아카데미 1935
경남대 극동문제연구소 북한연구 시리즈 46

글로벌 거버넌스와
북한의 정치·경제 체제전환 전망

ⓒ 윤대규, 2016

엮은이 | 윤대규
지은이 | 구갑우 · 김갑식 · 이무철 · 이수훈 · 최봉대 · 최완규
펴낸이 | 김종수
펴낸곳 | 한울엠플러스(주)

편   집 | 김경희

초판 1쇄 인쇄 | 2016년 11월 17일
초판 1쇄 발행 | 2016년 11월 30일

주소 | 10881 경기도 파주시 광인사길 153 한울시소빌딩 3층
전화 | 031-955-0655
팩스 | 031-955-0656
홈페이지 | www.hanulmplus.kr
등록번호 | 제406-2015-000143

Printed in Korea.
ISBN 978-89-460-5935-1   93340

※ 책값은 겉표지에 표시되어 있습니다.

이 저서는 2011년도 정부 재원(교육부 인문사회연구역량강화사업비)으로
한국연구재단의 지원을 받아 연구되었습니다(NRF-2011-413-B00005).